कसक

...कुछ गलतियों की

रंजन शर्मा

notionpress.com

INDIA • SINGAPORE • MALAYSIA

ISBN 979-8-89026-711-5

समर्पित

उन सभी मित्रों और परिवारीजनों को जिन्होनें समझा कि मैं किसी काम का आदमी नहीं.

विशेष रूप से सुनीता, मेरी धर्मपत्नी, जिसने मुझे हमेशा सहारा दिया. और जिसके बिना शायद ही मैं जिंदगी में कुछ कर पाता.

क्रम सूची

परिचय

रंजन शर्मा

* सोशल एक्टिविस्ट

* कॉर्पोरेट कम्पनी में लम्बा अनुभव

* स्वभाव से स्पष्टवादी और फाइटर

* पहली किताब

* सेण्ट जान्स कॉलेज, आगरा से ग्रेजुएट

* झुकाव, पर्यावरण और मानवीयता

भूमिका

बचपन से ही मुझे पढ़ने का शौक था. विशेषकर कहानियों का. उम्र बढ़ने के साथ छोटे बच्चों को कहानियां सुनाने में बड़ा मजा आता. धीमे-धीमे, बड़े लोग भी मेरी कहानियों का आनंद उठाने लगे. मेरी मार्केटिंग जॉब में भी मेरे सुपीरियर्स मानते थे कि मेरी रिपोर्टिंग बहुत अच्छी होती थी क्यूँकि उसमें बैकग्राउन्ड डाटा ना देने के कारण वो एक कहानी सी होती थी. कई बार तो मुझे डाँट भी पड़ जाती थी, डाटा कम और कहानी ज्यादा होने के कारण.

मेरे अवचेतन मन में एक धुन्दली सी कल्पना थी, अपनी कहानी लिखने की पर लगता था कौन पढ़ेगा एक आदमी की कहानी को. दुनिया के लगभग 8 अरब लोगों में से सिर्फ एक.

पर मैं गलत था, कैसे? आगे बताउंगा.

कॉर्पोरेट कम्पनी में मार्केटिंग जॉब के साथ ये सब सिर्फ दिमाग के कोनें में छिपा रहा. रिटायरमेंट के बाद भी, केवल कभी-कभी ही दिमाग में आया इस बारे में, पर शायद सही समय अभी नहीं आया था.

हाँ इस बीच, फेसबुक आदि में और ब्लॉग्स के रूप में मैं लिखता रहा और लोग उसे पसन्द भी करते थे. मेरा प्रिय विषय पर्यावरण, जैव सम्बर्धन और मानवीयता ही था.

एक दिन अचानक एक वैविनार में मुझे अपने सपने को सच में बदलने की राह दिखाई दी, और वो राह थी अमेजन और किंडल के जरिये लिखने, स्वयं प्रकाशित होने और एक विशाल पाठक वर्ग के सामने आने की.

जहाँ ना प्रकाशकों के नखरे, ना रिजेक्शन का डर, और पूरी दुनिया का पाठक वर्ग.

धन्यवाद सैम बाथला साहब.

ये निश्चित रूप से आसान नहीं था, मेरे जैसे बैकग्राउन्ड के लोगों के लिए, जिसे लेखन का क, ख, ग, भी ना आता हो, विचारों को संकलित करना, उन्हें व्यवस्थित

करके एक जगह संग्रहित करना, उसमें से टॉपिक के संदर्भ में छाँटना और प्रस्तुत करना.

शायद हर लेखन के सामने अपनी पहली प्रस्तुति में ये स्थिति आई हो. शायद आपको भी मेरी अगली प्रस्तुति बेहतर लगे. हर पहली प्रस्तुति में गलतियां होती ही है. आशा है आप नजरंदाज करेंगे और मजा लेंगे, क्यूँकि आपको भी मजा आएगा पढ़ने में।

कोशिश कर रहा हूँ.

आपकी प्रतिक्रिया ही मुझे आगे ले जाने में सहायक हो सकती है, कृपया अपनी प्रतिक्रिया से अवश्य अवगत कराएं चाहे पाज़िटिव हो या निगेटिव. विशेषकर निगेटिव, जो मुझे और अधिक प्रेरित करेगी अपने अंदर और अधिक उत्कृष्ठता लाने के लिए.

सुबह

आज सुबह मैं आरंभ कर रहा हूं अपने सपने को सच करने की दिशा में एक कदम लेने का. उस यात्रा में, जब हम अपने जीवन के पन्ने पलट कर देखते हैं, अपनी की हुई गलतियों को, उनके कारणों का विवेचन करते हैं, उन परिस्थितियों का, जिनमें ये गलतियाँ हुई.

क्या यह सचमुच गलतियाँ थीं?

अगर मैं यह गलतियाँ ना करता तो क्या होता?

क्या मेरा जीवन कुछ फर्क होता?

और क्या जीवन में कुछ फर्क करने की जरूरत थी मुझे?

हम सब मनुष्य ही तो हैं? हर मनुष्य गलतियाँ करता है, उनसे सीख लेता है और आगे बढ़ जाता है.

यह बहुत महत्वपूर्ण है, क्यूँकि, अपने इर्द-गिर्द मैंने बहुत से लोगों को देखा है, जो मानते ही नहीं कि उन्होंने गलती की, विशेषकर अन्य लोगों के सामने, फिर कुछ लोग, गलतियों को स्वीकार करने में हिचकते हैं, कुछ लोग मान भी लेते हैं तो उसे अपना भाग्य मान लेते हैं और शांत हो जाते हैं, और कुछ लोग उसे अन्य लोगों के सामने लाने का साहस करते हैं, जिससे अन्य लोग सीख कर शायद वह गलतियाँ करने से बच सकें.

इसमें बहुत साहस चाहिए, अपनी गलतियाँ स्वीकार करने के लिये. आपको मानना होगा, कि गलती हमने की, हालांकि यह एक बहुत ही विवादास्पद विषय है, क्यूँकि यह एक तुलनात्मक दुनिया है, एक व्यक्ति की गलती दूसरे की निगाह में सही हो सकती है कुछ उदाहरण देता हूं, बिल्कुल साधारण ...

1. अगर आप किसी के सामने अपना प्रेम प्रदर्शित करते हैं, तो वह इसे सही या गलत दोनों मान सकता है.

2. आपको किसी की कोई गलती नजर आ रही हो, और आप उसे सुझाव दें कि ऐसा करना उसके लिए गलत हो सकता है पर वह नहीं समझना चाहता.

3. दुनिया की किसी भी घटना पर आपकी और अन्य लोगों की राय में फर्क हो सकता है.

अब जैसा आने वाले पृष्ठों में पढ़ेगें, आप सोच सकते हैं कि इसमें गलती क्या थी? यह तो स्वाभाविक था, पर गलती, अपने दिल के अंदर से आने वाली आवाज बताती है, बिल्कुल वही, जो आपका दिल कहता है. बाकी लोग इसके बारे में तरह-तरह की राय रखेंगे कुछ आपकी आलोचना करेंगे, समर्थन भी करेंगे, पर आपको आपके दिल की आवाज सुननी चाहिए.

अब ये दिल और दिमाग, बड़ा कॉम्पलेक्स विषय है. वैज्ञानिक कहते हैं कि दिल में सोचने की शक्ति ही नहीं होती, वह तो सिर्फ खून को पंप करता है, सोचने और महसूस करने का काम तो बस दिमाग का है. पर, फिर ऐसा क्यों होता है कि दिमाग कहता है कि ऐसा मत कर, फिर भी आप किसी कुत्ते के बच्चे को सड़क से उठाकर किनारे पहुंचा देते हैं, या सड़क के किनारे बैठी किसी गरीब बच्ची को अपनी अभी खरीदी कोई ड्रेस दे आते हो.

अब चलिए आगे बढ़ते हैं,

आप तब से सोचना शुरु करते हैं कि जब से आपने होश संभाला, तब आपके पास कोई चॉइस नहीं थी. जैसा बताया गया वैसा सीखा, जैसा कहा गया था वैसा किया.

ऐसा अक्सर होता है कि हम मासूमियत में ऐसी गलती करते हैं कि बाद में पछताने के अलावा हम कुछ नहीं कर सकते एक ऐसी ही घटना उदाहरण के लिए बताता हूं … …

मेरा बड़ा बेटा तब लगभग 3 साल का होगा, सभी बच्चों की तरह उसे भी नई वस्तुऐं देखने और सीखने में जबरदस्त रुचि थी और वो ज़माना ट्रांजिस्टर्स और कैसेट प्लेयर का था. मैंने मेरी मां के देहावसान से पहले उनके गाए कुछ भजन मैंने एक कैसेट में रिकॉर्ड कर लिए थे, सोचा था कि उनके बाद उनकी कुछ यादें है, उन्हें स्मृतियों में सुरक्षित रखेंगी, पर वह साहब तब टू इन वन को चलाना सीख रहे थे, और उन्होंने वही कैसेट लगा रखा था, रिकॉर्डिंग का बटन दबा दिया,

नतीजा वही हुआ जो होना था पूरी रिकॉर्डिंग यानी मेरी माँ की स्मृतियां, साफ. अब इस गलती को आप किस श्रेणी में रखना पसंद करेंगे? बाल सुलभ या कुछ और?

महत्वपूर्ण ये है कि, हम यह समझें कि छोटे शिशु के दिमाग पर कौन सी घटना क्या और कैसा प्रभाव छोड़ रही है, कोमल मस्तिष्क वाले बच्चे के मन पर हिंसा और प्रेम दोनों लंबे समय तक प्रभाव छोड़ते हैं, शायद जीवन भर.

बच्चे के जीवन में घटी घटनाओं के आधार पर ही उसका आने वाला जीवन आधारित होता है हम हिंदुओं में इसे संस्कार देना कहते हैं. जरूरी है कि हम बच्चों के सामने कोई भी अवांछित व्यवहार ना करें हमारा नियंत्रित व्यवहार ही उसे वांछित दिशा में प्रेरित करता है, और जींस भी बच्चे के विकास में उतना ही महत्व रखते हैं, जितना वातावरण, खैर इसके बारे में फिर कभी.

आप थोड़े और बड़े होते हैं, स्कूल जाते हैं, वहाँ बहुत से बच्चे मिलते हैं, जो आपसे अच्छे से मिलते हैं, आपके दोस्त बन जाते हैं, कुछ ऐसे भी मिलते हैं जो आपका टिफिन झपट लेते हैं, ऐसे ही परिवेश में आपका जीवन चलता है जो आगे चल कर आप की जीवन नैया का रास्ता निर्धारित करता है.

जब आप जूनियर हाई स्कूल पास करते हैं तो आपके सामने सब्जेक्ट चुनने करने का मौका होता है. आमतौर पर ऐसा कोई मौका होता ही नहीं, बिजनेस परिवार के बच्चों को कॉमर्स, नौकरी पेशा परिवार में साइंस और जहां कुछ ना बचे वहां आर्ट्स तो है ही.

हां यह सब के ऊपर लागू नहीं होता, अच्छी स्कूलिंग और बहुत बड़ी तादाद में बिना स्कूलिंग के भी बचपन बिताना पड़ता है.

मेरे पिता एक सरकारी विभाग में इंजीनियर थे, जब मैंने उनसे हाई स्कूल बोर्ड का फॉर्म भरने के समय पूछा कि मुझे क्या विषय लेने चाहियें, तो उन्होंने शेव करते हुए बोला साइंस. लिहाजा यहीं मेरी जिंदगी में एक ही मार्ग स्थापित हो गया. मुझे साइंस, कॉमर्स या आर्ट्स का मतलब ही नहीं मालूम था.

सोचने की बात यहां ये है कि बच्चे को अगर सरल शब्दों में बताया जाए कि कौन सा विषय लेने से उसे कौन सा कैरियर मिल सकता है, तो शायद उसे विषय चुनने में आसानी हो और शायद उसकी रुचि, अरुचि भी पहचान में आ सके.

यह भी उतना ही सही है कि, अनुभव के अभाव में वह उतना सही निर्णय न ले सके पर रूझान तो मालूम पड़ ही सकता है.

एक छोटा सा उदाहरण दूंगा जिससे शायद आपको समझने में आसानी हो. मेरे बड़े भाई बचपन में कविताएं लिखते थे, पर क्यूंकि पिताजी उस समय जूनियर इंजीनियर थे इसलिए साइंस सब्जेक्ट दिलाए गए. इंटरमीडिएट में फेल होकर जैसे तैसे उन्हें इंजीनियरिंग पॉलिटेक्निक में दाखिला दिलाया गया. वहां दो बार फेल होकर आखिर में उन्हें छोड़ना पड़ा. फिर उन्हें निर्माण ठेकेदार बनाने की कोशिश हुई. बेकारी के दिनों में उन्हें एक लोकल अखबार में नौकरी मिली जहां उनकी अभिरूचि थी. कुछ समय बाद एक राष्ट्रीय समाचार पत्र में काम करने का मौका, मिला और उसमें वो खासे सफल भी हुए.

तो गलतियों की शुरुआत हमारे स्कूलिंग से ही हो जाती है जहां हमें अपने पेरेंट्स से पूछना चाहिए कि साइंस ही क्यूँ? शायद जब यह वाकया हुआ तो वह समझाते, यह मेरी पहली गलती थी.

फिर हाई स्कूल ठीक से निकला पर इंटरमीडिएट में आकर गाड़ी ठहर गई, मुझे स्पोर्ट्स और एक्स्ट्रा करिकुलर एक्टिविटीज में बड़ा मजा आता था.

इंटरमीडिएट में मेरा रिजल्ट रोक लिया गया, क्यूँकि मास कौपीइंग यानी सामूहिक नकल का चार्ज लगा, जिसका मुझे कोई पता ही नहीं था. जैसे तैसे सप्लीमेंट्री में मुझे पास किया गया.

फिर मुझे सेंट जॉन्स कॉलेज में एडमिशन मिला.

सेंट जॉन्स कॉलेज में पहुंचकर में विस्फरित रह गया, लाल पत्थर की अंग्रेजों द्वारा बनाई गई एक भव्य इमारत लगभग डेढ़ सौ वर्ष पुरानी, जहां से निकले पुराने छात्रों में भारत की अनेक हस्तियों की लिस्ट लम्बी थी.

पहले दिन का एक मजेदार वाकया याद आ रहा है. जो हमारे विषय में मेल तो नहीं खाता पर मनोरंजक जरूर है. मैंने कॉलेज पहुंचकर टाइम टेबल और क्लास रूम पता करने की कोशिश की फिर गलती, किसी सीनियर ने बता दिया कि फर्स्ट फ्लोर पर जाकर जहाँ कॉरिडोर खत्म हो, वहाँ एक चिक पड़ी होगी उसी में घुस जाना. उसी में बेचारा पंछी फस गया जाल में, वो गर्ल्स कॉमन रूम था, बहुत सी लड़कियां वहां थीं, उनमें से एक बड़ी सी लड़की ने पूछा, ओ मिस्टर कहां चले आ रहे हो? जी, जी, मेरी क्लास है, यहां इकोनॉमिक्स की, कुछ लड़कियां हंसी, पर एक लड़की कुछ कड़कती हुयी बोली, तुम्हे मालूम है तुम कहां हो? जी, जी, वो मैं …, तुम गर्ल्स कॉमन रूम में हो, और इसके लिए हम तुम्हें प्रिंसिपल सर के पास लेकर चल रहे हैं,

पर उन्होंने कहा कि यहां तुम्हारी क्लास होगी इकोनोमिक्स

किसने कहा?

मैं उनका नाम नहीं जानता, मेरा पहला दिन है, कालेज में

देखो, हम तुम जैसे लटूरों को अच्छी तरह जानते हैं, लड़कियों के सामने किसी भी बहाने से जुगाड़ सेट की कोशिश करते हो.

जी नहीं, ऐसा बिल्कुल नहीं है.

मुझे तो कुछ मालूम भी नहीं है कॉलेज के बारे में,

यह मेरा पहला दिन है,

अगर तुम हम सब को कैंटीन में समोसे खिलाओ तो छोड़ा जा सकता है.

जान बची, और लाखों पाए, पर इन्हीं सीनियर लड़कियों ने मेरी बहुत मदद की मेरे जैसे साइंस के छात्र को इकॉनोमिक्स समझने में, चलिए आगे बढ़ते हैं.

कॉलेज, जहां हमने यूनिफॉर्म से छुटकारा पाया, को-एजुकेशन मिली, एक स्वच्छंद वातावरण मिला, वहां भटकना भी स्वाभाविक था. पढ़ाई के अलावा हर चीज में इंटरेस्ट था मुझे, क्या कैरियर और कैसा कैरियर?

यह दूसरी गलती थी मेरी,

हालांकि बहुत से प्राइज़ मिले, कॉलेज की टीम का कप्तान भी बना, अनेक एसोसिएशन्स से जुड़ा, पर एक मध्यवर्गीय परिवार से ताल्लुक रखने वाले बंदे को आगे जिंदगी में क्या करना है यह बिल्कुल स्पष्ट नहीं था. कभी आई.आई.टी (यानी इंडियन इन्सीट्यूट ऑफ इंजिनियरिंग) ट्राई कर लेते तो कभी मर्चेंट नेवी, तो कभी सिनेमैटोग्राफी या साउंड रिकॉर्डिंग के लिए पुणे इंस्टीट्यूट में हाथ आजमाते. अच्छा ही हुआ कि सेलेक्शन नहीं हुआ, पर कॉन्फिडेंस तो था ही, कि कुछ तो होगा ही.

आप समझ ही रहे होंगे कि कि स्पष्ट विचारधारा का ना होना कितनी बड़ी कमी है, मेरे पिता जो एक सरकारी विभाग में सीनियर इंजीनियर थे, अच्छा खासा रूतबा रखते थे और मेरे तीन अन्य भाई भी उसी ठसक में रहते थे पर मुझे उनका रुतबा या जिंदगी बहुत फालतू लगती थी. मुझे लगता था कि जिंदगी में कुछ हासिल करूंगा तो अपने दम पर, लिहाजा दो बार इकोनॉमिक्स मास्टर्स में फेल होने के बाद मैंने छोटी मोटी जॉब पकड़नी शुरू कर दीं, जैसे - बीमा एजेंट या हैंडीक्राफ्ट सेल्समैन.

क्या यह एक गलती थी? चलो आप पर छोड़ते हैं.

फिर मेरा सेलेक्शन एक बड़ी कॉर्पोरेट कंपनी में सेल्स में हो गया. दो-तीन साल स्ट्रगल में भी बीते, फिर मेरा ट्रांसफर हो गया, बहुत कोशिश की कंपनी बदलने की पर सब कुछ हमारे हाथ में तो नहीं होता.

जब तक जॉब में इतना पैसा मिले जिससे आपकी जरूरत पूरी होती रहे तो व्यक्ति आमतौर पर जॉब बदलने की नहीं सोचता.

अगर सोचा होता तो शायद कुछ और बात होती.

यह शायद मेरी सबसे बड़ी गलती थी, रिस्क लेना सबसे बड़ी जरूरत है जीवन में.

अगले 25-30 वर्ष निकले गुलामी में क्यूंकि 'ना तोंकू और न मोकूँ ठौर' यानी कि, ना तुम्हें कोई और मिले ना मुझे कोई और. जॉब में रहते व्यक्ति की जब शादी हो जाती है तो उसकी रिस्क उठाने की क्षमता भी कम हो जाती है.

यही हुआ खैर, आगे बात करेंगे इस बारे में.

फिर बीवी, बच्चे महीने का खर्च वगैरा-वगैरा

शादी, हममें से हर किसी की शादी के बारे में विभिन्न परिकल्पनाऐं होती हैं बहुत सी रूमानी या फिर प्रैक्टिकल

कई बार मजबूरी भी होती है पर बहुत ही महत्वपूर्ण होता है. यह निर्णय आने वाली जिंदगी में,

और अक्सर लोग यहीं गलती करते हैं.

अब बात आती है जिंदगी के सबसे महत्वपूर्ण निर्णय की,

अक्सर लोग धारा के साथ बहना पसंद करते हैं, कि कहीं तो पार लगेंगे ही, पर कुछ लोग बहने के साथ दिशा भी निर्धारित करना चाहते हैं, और कुछ तो धारा के विपरीत भी जाने का साहस करते हैं. सोचना तो हमें है कि हम चाहते क्या हैं?

यह बिलकुल स्वाभाविक है कि विपरीत परिस्थितियां आएंगी, आलोचनाएं भी मिलेंगी, लोग विरोध भी करेंगे, पर अगर हम लक्ष्य पर ध्यान रखेंगे तो हम सफल होंगे.

अब वापस वही आते हैं, सबसे महत्वपूर्ण निर्णय की यानी कि, शादी.

शादी या तो प्रेम विवाह होती है या परिवार द्वारा तय की हुई. प्रेम विवाह बहुत विस्तृत विषय है, यहां सफलता, असफलता, संयोग, व्यक्तित्वों में अनुकूलता या विपरीत, वातावरण, समाज, रीति रिवाज, संयोजन और सबसे महत्वपूर्ण, आर्थिक कारण होते हैं. हमारे भारतीय समाज में माना जाता है कि विवाह सिर्फ दो व्यक्तियों के बीच होने वाला शारिरीक संबंध नहीं है बल्कि यह दो परिवारों के बीच जुड़े संबंध हैं. और यह एक बड़ी परिकल्पना है.

अब बात अगर चुनाव की आ जाए तो आप क्या पसंद करेंगे?

इसमें बहुत से फैक्टर्स से जो आप को प्रभावित करते हैं, कुछ भी हो सकते हैं जैसे तत्कालीन खिंचाव, विपरीत लिंग के लिए या अपनी तत्कालीन स्थितियों से विद्रोह या लगाव, संयोग को या सिर्फ एक कोमल अनुभूति?

अब अक्सर यह सवाल आता है कि हम कर क्या रहे हैं?

एक परिकल्पना होनी चाहिये ना कि हम जिंदगी में चाहते क्या हैं. जो लोग एक बड़ा लक्ष्य निर्धारित करते हैं, वही कुछ बड़ा हासिल करते हैं.

मुझे ऐसा लगता है कि मैंने अपने लिए बड़े लक्ष्य निर्धारित नहीं किये जो मेरी सबसे बड़ी कमजोरी थी. अब आप पूछेंगे इसका प्रेम विवाह या निर्धारित विवाह से क्या संबंध है?

सच तो यह है कि कोई संबंध नहीं.

विवाह दो व्यक्तियों के बीच एक ऐसा संबंध है, जो आपसी प्रेम सौहार्द और विश्वास पर चलता है.

यह प्रेम संबंध परिवार द्वारा निर्धारित या कोई और भी हो सकता है.

अक्सर देखने में आता है कि बड़े बड़े अरमानों के साथ शुरू किए गए प्रेम संबंध, जीवन में आई वास्तविकताओं के सामने बिखर गए.

पर ऐसा क्यूँ? क्या विश्वास में कोई कमी आई है? क्या प्रेम अधूरा था या आर्थिक और सामाजिक कारणों से? या फिर शारीरिक?

जी हां, यह वैवाहिक असफलताओं का सबसे बड़ा कारण है, और दोष डाल दिया जाता है, पौरूषिक वर्चस्व, स्त्रीत्व समानता, आर्थिक कारणों आदि जैसे बड़े-बड़े सिद्धांतों पर और इसका असर आपकी आने वाली जिंदगी पर समग्र रूप से पड़ता है.

अब बात करते हैं, परिवार द्वारा निर्धारित या अरेंज्ड मैरिज जो पारंपरिक रूप से अधिकांश भारतीय परिवारों में अपनाया जाता है.

ऊपर से देखने में और उस लड़के या लड़की के नजरिए से देखने में यह बहुत ही हास्यास्पद लगता है, कि जहां परिवार के बड़े आपस में ही बैठकर तय कर लेते हैं. लड़के और लड़की का भविष्य एक बेहद ही बोझिल वातावरण में लड़के और लड़की को आपस में देखने का मौका दिया जाता है और उन्हें सिर्फ हां या ना कहने की गुंजाइश होती है, और अगर सचमुच देखा जाए तो सिर्फ हां ही होती है.

अब आप समझ सकते हैं कि सिर्फ एक बार कुछ समय के लिए देखकर ऊपर इस रंग रूप के आधार पर कोई कैसे निर्धारित कर सकता है, कि आने वाली जिंदगी में यह मेरा साथ देने योग्य है या नहीं.

पर परंपरावादी इस बारे में अलग सोच रखते हैं, उनका कहना है कि कम उम्र में बच्चे सही फैसला लेने के लिए मानसिक रूप से परिपक्व नहीं होते और पारिवारिक पृष्ठभूमि यानि की जींस और क्रोमोसोम्स इसमें महत्वपूर्ण कारक होते हैं उनका ऐसा सोचना वैज्ञानिक और जेनेटिक कारणों से गलत भी नहीं है. पर आप क्या करेंगे उस वातावरण और परिवेश का जिसमें हम सब रह रहे हैं. अगर हम आज की बात करें तो इंटरनेट पर सब कुछ उपलब्ध है यहां तक कि पोर्न भी, फ्रेंडशिप साइट पर ढेर सी चॉईस फ्रेंड चुनने की. जिन्हें परखकर कर जीवनसाथी बनाया जा सके.

अगर हम पुराने विचारों वाली घूघँट डाले वधू की कल्पना करें तो संभव तो है, पर क्या आप न्याय कर रहे है वर और वधू के साथ?

तो साहब हम भी फंस गए चक्रव्यूह में. मेरा परिवार पढ़ा-लिखा परिवार था, पिता इंजीनियर, मां सोशल वर्कर, एक बड़ा भाई पत्रकार दूसरा डॉक्टर तीसरा मैं स्वयं एक बड़ी कॉरपोरेट कंपनी में अच्छी जॉब यानी कुल मिलाकर एक अच्छा और सुसंस्कृत परिवार, और यहीं तो दबाव होता है,

या तो आपका कहीं अफेयर होता है या आपकी रूमानी कल्पना में कोई लड़की होती है जिसके साथ आपको जिंदगी बितानी है, या शायद कुछ भी नहीं, बस एक ध्येय की जिंदगी से आप कुछ पाना चाहते हैं, सिर्फ आगे बढ़ने का एहसास, शादी आपकी मर्जी की है या नहीं यह महत्व रखता है क्या? पर एक बात आप भूल गए,

वह लड़की या लड़का जिससे आप विवाह कर रहे हैं उसकी भी महत्वकांक्षाएं हैं कुछ उम्मीदें हैं जीवनसाथी से उसके परिवार से आने वाली जिंदगी से.

यह बहुत महत्वपूर्ण है क्यूंकि हम अपनी परिकल्पनाओं और महत्वकांक्षाओं में इतना खो जाते हैं कि हम ये भूल जाते हैं, कि हमारे पार्टनर की भी उतनी ही आकांक्षाऐं हैं. किसी विचारक नें एक बार कहा था कि जीवन की अधिकांश समस्याएं, आर्थिक कारणों से शुरू होती है और आर्थिक कारणों पर ही समाप्त.

इसी के साथ बहुत सी बातें और भी, जुड़ी है जैसे, दोनों परिवारों की अपेक्षाएं, उनके रीति रिवाज़, परंपराएं, सामाजिक स्थिति और समाज जिसमें हम रहते हैं और रहना है. इन सभी कारणों का दबाब नवविवाहितों पर पड़ना स्वाभाविक है. यह दबाव सहन करना आसान है यदि आप आर्थिक रूप से सुद्रण हैं, वरना यह नवविवाहिताओं का जीवन चौपट करने के लिए पर्याप्त है.

अब जब मेरे सामने ये समस्या आयी तो पहली प्राथमिकता थी जॉब जिसके सहारे जीवन चलता, फिर परिवार साथ में शौक मौज और सामाजिक दायित्व आदि.

शादी के बाद के 2 वर्ष बड़े रोमांटिक भी होते हैं और बड़े चैलेंजिंग भी.

अब बात करते हैं कैरियर की, जैसा मैंने पहले बताया कि ग्रेजुएशन करते-करते मेरा मन पढ़ाई से उखड़ चुका था मास्टर्स के लिए अर्थशास्त्र या इकोनॉमिक्स में एडमिशन लिया. क्यूंकि मार्क्स के आधार पर सिर्फ उसी में सीट्स उपलब्ध थी उस समय सही विषय का चुनाव आपके जीवन की दिशा निर्धारित करता है और इसका पता तब चलता है जब आप 10 -15 वर्ष जो अपने बिता चुके होते हैं और आपको अपना जॉब एक बोझ लगने लगता हैं.

बहरहाल, मास्टर्स के फाइनल तक पहुंचते पहुंचते मुझे इंश्योरेंस कंपनी में इंश्योरेन्स सेल्समैन जॉब का मौका मिला और जॉब के चक्कर में एकाग्रता भंग होने से मैं फेल हो गया. लगभग 1 वर्ष काम करके मुझे महसूस हुआ कि इंश्योरेंस बेचना आसान काम नहीं है, उसमें काफी तिरस्कार झेलना पड़ता है, और इसलिए मैंने हैंडीक्राफ्ट के एक शोरूम में सेल्समैन की जॉब पकड़ ली. साथ ही मैंने फ्रेंच भी

सीखनी शुरू कर दी क्यूँकि वहां विदेशी टूरिस्ट काफी आया करते थे. ताजमहल के कारण हमारा नगर आगरा एक टूरिस्ट केंद्र था, मैंने सोचा था कि टूरिस्ट गाइड बन जाऊंगा जिसमें फ्रेंच काफी काम आ सकेगी. पर किस्मत में कुछ और लिखा था. मेरा चयन इस बीच एक बड़ी कंपनी में सेल्स प्रतिनिधि के लिए हो गया आप समझ ही गए होंगे कि यह भटकाव मुझे किधर की ओर ढकेल रहा था. एक निश्चित सोच के अभाव में हम बहाव के साथ बहते रहते हैं, और अपने आप को भाग्य के भरोसे छोड़ देते हैं और असफलताओं को भगवान की मर्जी या भाग्य का नाम दे देते हैं. खैर, बड़ी कॉरपोरेट कम्पनी में सीखने को काफी कुछ मिलता है और मैने भी कुछ वह वर्ष सीखने और अनुभव प्राप्त करने में लगाए. नई प्रोडक्ट लॉन्चिंग, टार्गेटिंग, सेल्स टेक्निक्स आदि से बहुत अच्छा परिचय हुआ. यहीं पर आकर मुझे अपनी आरंभिक गलती का एहसास हुआ. मुझे लगने लगा था कि मुझे कोई प्रोफेशनल कोर्स करके जैसे एमबीए या बीबीए करके यहां आना चाहिए था. अगर मैं कोई प्रोफेशनल कोर्स करके यहां आता तो मेरी प्रगति के रास्ते तेजी से खुलते. मगर अब तक देर हो चुकी थी, मेरी शादी हो चुकी थी, और पारिवारिक स्थिति के कारण जॉब छोड़कर एमबीए करना संभव नहीं था.

आप समझ ही रहें होगें कि, आरंभिक जीवन में सही निर्णय लेना कितना महत्वपूर्ण होता है इसके बाद भी मुझे अन्य कंपनीज़ से अवसर मिले, पर साहस की कमी और जोखिम उठाने में हिचक ने मुझे साहसिक निर्णय लेने से रोक दिया. इसमें नुकसान और फायदा दोनों हो सकते थे. एक मुश्किल सवाल अपनी कंफर्ट जोन यानी कि सुविधाऐं छोड़ने का था. यह सवाल हर उस व्यक्ति के सामने आता है, जो अपनी आने वाली जिंदगी के बारे में सोचता है और उसे संवारने की कोशिश करता है. और एक तरफ पारिवारिक मजबूरियां और पुरानी आदतें. घर परिवेश से प्रेम, प्राप्त सुख सुविधाएं और दूसरी तरफ चुनौतियां, नए वातावरण का भय, सुख सुविधाओं का त्याग, आर्थिक मुश्किलें आदि.

अब तराजू आपके सामने है, आपको देखना है कि कौन सा पलड़ा भारी है. अक्सर देखा गया है कि जो लोग उस समय जोखिम उठाते हैं उन्हें जीवन में नए रास्ते मिलते हैं जिन पर चलकर वह दुनिया में एक नई शख्सियत के साथ अपने

आप को स्थापित करते हैं, हाँ, इसके लिए उन्हें कुछ खोना भी पड़ता है और नई चुनौतियां का सामना भी करना पड़ता है.

मेरे साथ भी यही हुआ, मैं काफी हिचक के साथ घर छोड़ने का साहस करके बाहर निकल पड़ा कुछ मित्रों नें मदद की, कुछ लोगों ने धोख़ा दिया, कुछ शायद किस्मत.

अब सवाल यह आता है कि यह किस्मत या भाग्य क्या चीज है? जब हम सफल होते हैं तो अपने परिश्रम बुद्धि और निश्चय को उसका श्रेय देते हैं पर जब हम असफल होते हैं, तो भाग्य को दोष देते हैं, ऐसा क्यूँ?

अगर हम भाग्य पर विश्वास रखते हैं तो हमें दोनों स्थितियों को स्वीकार करना चाहिये और अगर हम कर्म पर विश्वास रखते हैं, तो हमें अपनी असफलताओं का विश्लेषण करना चाहिये कि हमारी कमी कहां थी? और कैसे उसे दूर करें. सफलता अधिक दूर नहीं होती बस पक्का इरादा और परिश्रम चाहिए होता है. मैंने भी सफलता और असफलता दोनों का स्वाद चखा, गलतियाँ की और उन्हें सुधारा भी अपना शहर छोड़कर दूसरे शहर गया नये मित्र बनाए, धोखे भी खाए और आगे बढ़ता गया.

दोपहर

मेरा नया जॉब एक ऐसा नये पेंट के बारे में था जिसका कांसेप्ट नया-नया था, और एक मार्केट में स्थापित ब्रैन्ड जिसका मार्केट शेयर 80 प्रतिशत से ऊपर था, के सामने था. चुनौती काफी बड़ी थी और इसके लिए मुझे ऑटोमोबाइल डीलर्स से लेकर रोड साइड गैराज तक जाना पड़ता था, अब चूंकि एक्रिलिक टेक्नोलॉजी नई थी, जो जापान से इंपोर्ट की गई थी, तो मुझे अपने पेंटर्स को समझाना भी पढ़ता था, और उन्हें डिमोंसट्रेशंस भी देने पड़ते थे. वह हँसते थे मेरे ऊपर और कहते थे कि साहब, आप की जितनी उम्र है, उससे ज्यादा वर्षों से पेंटिंग का काम कर रहे हैं आप हमें क्या समझाओगे? अक्सर मुझे उनके साथ बैठ कर उनकी नमक मिली चाय पीनी पड़ती थी, साथ में बीड़ी या सिगरेट भी. यकीन मानिये कि मुझे इसमें बिल्कुल बुरा नहीं लगता था, बल्कि मैं इसका आनन्द लेता था. चूँकि मेरे सामने एक लक्ष्य था कि मुझे मेरी प्रोडक्ट को स्थापित करना था. सेल्स या मार्केटिंग कैरियर में सबसे बड़ी समस्या टारगेट की होती है, साप्ताहिक, मासिक, त्रैमासिक, अर्द्धवार्षिक टारगेट, प्रोडक्ट ग्रुप टार्गेट वगैरह-वगैरह अब क्यूँकि मेरी कंपनी गृह सज्जा के मार्केट में नंबर वन पर विराजमान थी, इसलिए उनके मापदंड उसी हिसाब से निर्धारित होते थे, एक नए सेगमेंट में उनकी सफलता या असफलता का उनकी कंपनी की सेहत पर अधिक असर नहीं पड़ता था. मेरी मिशनरी सेल्समैन की जॉब पर खतरा तब आया जब प्रोडक्ट में शिकायत आनी शुरू हो गयी, पेंट फूल जाता था और गाड़ी में फोड़े निकलने आरंभ हो जाते थे लिहाजा कंप्लेंट बढ़ने लगी और मेरा जॉब मुश्किल होता चला गया. एक समय आया जब प्रोडक्ट बिकना लगभग बंद हो गया. कंपनी ने तब फैसला किया कि प्रोडक्ट की फॉर्मूलेशन में बदलाव लाकर दोबारा लांच किया जाएगा.

फिर वही दुश्चक्र दोबारा शुरू हुआ. इस बार असफलता का ठप्पा भी हमारे ऊपर था. इस बार मेहनत भी दुगुनी थी, पर इंडस्ट्रियल सेक्टर से कुछ बल्क आर्डर्स मिलने से काम चलता रहा इस बीच में 3-4 वर्ष निकल गए और तब मुझे कंपनी की मुख्यधारा यानी डीलर नेटवर्क में वापस बुला लिया गया. अब मुझे डोर टू डोर सेल्स की जगह डीलर्स नेटवर्क में काम करना था. जो मुझे बिल्कुल पसंद नहीं था यहां आपकी योग्यता सेल्स की पटुता से नहीं डीलर्स को मैनिप्युलेट करने से होती है. जिसमें मैं फिसड्डी था.

पर यहां यह महत्व नहीं रखता कि आपको क्या पसंद है या नहीं. कंपनी अपनी जरूरत के हिसाब से और आपकी काबिलियत के हिसाब से पोस्टिंग देती है. मेरा पहला असाइनमेंट लगभग फ्लाप था. यह एक होलसेल टेरिटरी थी जहां बड़े डीलर्स तभी माल उठाते थे जहां अच्छी डील मिले. मैं एक ऐसा बंदा, जो डिमांड क्रिएट करने की फील्ड से आया था. जहां मुझे अपनी मेहनत पर पूरा भरोसा था, अचानक, एक दलदल में ऐसे मगरमच्छों के बीच आ गया था, जहाँ बड़े-बड़े डीलर्स अपनी मजबूत आर्थिक स्थिति बदौलत कंपनी को नचाते थे. दरअसल होलसेलिंग मार्केट में यह थोड़ा पेचीदा होता है. 1 प्रतिशत की डील भी मार्केट का उलट-पुलट कर देती है. एक उदाहरण से समझाता हूं.

मान लीजिए कि जिस मार्केट में आप काम कर रहे हैं वहां दो तीन, या अधिक डीलर होल सेलिंग कर रहे हैं, एक ताकतवर डीलर माल नहीं उठा रहा उसका कहना है कि आपकी डील आकर्षक नहीं है, क्यूंकि अन्य कम्पनियां आकर्षक डील दे रही हैं. पर आपको तो अपना टारगेट पूरा करना है, अगर आपको अपनी डील बढ़ानी पड़ती है तो बाकी डीलर्स को प्रॉब्लम शुरू हो जाएगी, क्यूंकि जिस डीलर की डील आप ने बढ़ाई है वह 1 प्रतिशत कम पर माल बेचेगा और तब बाकी सारे डीलर्स की सेल उधर की तरफ शिफ्ट होने लगेगी और मार्केट में उठा पटक होगी, हल्ला गुल्ला होगा और, आरोप आप पर आएगा. कहने का मतलब ये है कि एक मिशनरी सेल्समैन एक ऐसे माहौल में आ गया जहां ताकतवर डीलर की ईगो, मार्केट डायनैमिक्स, डिमांड, फाइनेंशियल मसल्स, सेल्समैनशिप सभी कुछ शामिल था और मैं बुरी तरह फ्लॉप साबित हुआ.

हुआ यूँ कि, मैं भूल गया सेल्स लाइन के पहले सिद्धांत को जिस का कहना है कि आपका पहला उद्देश्य कस्टमर को संतुष्ट करने का है ना कि उसकी अहम से टकराने का. यहां बहुत से फैक्टर्स हैं, किसी भी परिस्थिति पर असर करने के लिये और साथ में आपको टारगेट भी पूरा करना होता है.

बेचारा सेल्समैन

मिशनरी सेल्समैन की ईगो, सबसे बड़े होलसेलर से टकरा गई और जाहिर है चोट सेल्समैन को ही लगनी थी. उसने माल उठाना बंद कर दिया और बात ऊपर

तक पहुंच गई. खैर, ऊपर वालों ने ले देकर मामला सुलटाया और मामला सुलझ गया. डीलर को कुछ मिल गया और मुझे यह सीख कि सेल्स लाइन में अहम का कोई स्थान नहीं है.

चलिए आगे बढ़ते हैं, और झटके तैयार है, खाने के लिये.

कई बार व्यवसायिक जीवन में हमें अपनी जिंदगी में हमें ऐसे हालातों का सामना करना पड़ता है, जिनके लिए हम तैयार नहीं होते और छोटी सी गलती के कारण बड़ी मुश्किल में फंस जाते हैं. कई बार हमें जानबूझकर फंसा दिया जाता है. मैं भी कई बार ऐसे ही परिस्थिति मैं बलि का बकरा बना. मुझे पता ही नहीं चला कि कब मैं किसी षड्यंत्र का शिकार बन गया. एक बार हमने आर्किटेक्ट्स के लिए एक सम्मेलन का आयोजन किया. इनके लिए कुछ आकर्षक गिफ्ट का भी प्रोविजन था. हमारे स्टाफ के ही कुछ लोगों ने उन गिफ्ट का एक बड़ा सा हिस्सा खिसका देने की योजना बनाई. उसे एक ऑटो रिक्शा से खिसकाने की योजना थी, उनमें से एक ने मुझसे कहा गेट पर मेरा इंतजार करो इस पैकेट के साथ और मैं ऑटो लेने जा रहा हूँ. ठीक है, मैं वहीं खड़ा था कि तब तक हमारे मैनेजर वहां आए और उन्होनें वह माल पकड़ लिया. जाहिर है कि बलि का बकरा मुझे ही बनना था. ऐसा व्यवसायिक जीवन में अक्सर होता है

गला काट प्रतियोगिता है यहां, अपने प्रमोशन या फायदे के लिए सहकर्मी तो क्या आपका बॉस भी आपका गला काट सकता है.

एक बार मेरे एक सबसे बड़े डीलर ने पारिवारिक परिस्थितियों को समझते हुए मुझे एक प्रतिद्वंदी कंपनी में 50 प्रतिशत अधिक पर गृह नगर में जॉइन करने का ऑफर दिया इंटरव्यू, कराया और फिर मेरी कंपनी में लीक कर दिया.

पारिवारिक परिस्थितियों के कारण मैं भी ट्रांसफर की जगह अपने होम टाउन में रहने का इच्छुक था. ऐसा कॉर्पोरेट सेक्टर में गंभीर अपराध माना जाता है, लिहाजा मुझे भी काफी जिल्लत उठानी पड़ी आने वाले समय में.

यह सब लिखने का मेरा उद्देश्य सिर्फ इतना सा है कि हम थोड़ी सी सतर्कता और सावधानी से हम जीवन में आने वाली बड़ी दुर्घटनाओं को टाल सकते हैं.

व्यवसायिक दुनिया में सिर्फ सीधे सच्चे होने से ही काम नहीं चलता, थोड़ी चालाकी, मैनीप्यूलेशन की कुशलता और अपनी बात कन्विंसिंग तरीके से रखने की क्वालिटी भी चाहिए. पर हां, एक स्पष्ट लक्ष्य होना आवश्यक है जो मेरे पास नहीं था.

कई बार वास्तविक जीवन में भी मुझे महसूस हुआ कि कुछ लोग मुंह पर कुछ और और दिल या दिमाग में कुछ और रखते हैं. इसी को शायद अंग्रेजी में इसे हिप्पोक्रेसी कहा जाता है. यानी अपने आपको वह आपका सबसे बड़ा हित चिंतक दिखाने की कोशिश कर रहे होते हैं और अंदर से आपकी जड़ें काट रहे होते हैं, अपना हित साधने के लिये. एक बहुत बड़ी संख्या उन लोगों की भी है, जो सिर्फ मूर्खतावश या अज्ञानतावश ऐसा कर बैठते हैं. कई बार नजदीकी संबंधों में ऐसा केवल ईर्ष्या के चलते या आपके किसी पुराने हिसाब को बराबर करने के लिए भी होता है. अक्सर हम इन्हें भाँप नहीं पाते. स्त्रियों में यह भावना अक्सर पुरुषों के मुकाबले अधिक पाई जाती है, और विशेषकर हाउसवाइफ्स में, पर चूँकि हर किसी का व्यक्तित्व अलग होता है जो उनके बैकग्राउंड, अनुभव, शिक्षा और बौद्धिक स्तर पर निर्भर करता है. हालांकि यह बात पुरुषों पर भी उतनी ही लागू होती है.

चलिये, आगे बढ़ते है, और झटके तैयार हैं, खाने के लिए

कुछ समय बाद मुझे अपनी नई पोस्टिंग मिल गई, प्रयागराज की, जहाँ मैनें अपने बचपन का कुछ समय बिताया था और आप जानते हैं कि बचपन की यादें आसानी से नहीं जातीं.

यह हमारी कंपनी के लिहाज से कमजोर मार्केट शेयर वाला मार्केट था. यहां हमारी प्रतिद्वंदी कंपनी का मार्केट शेयर 70 प्रतिशत से अधिक था और हमारा मात्र 10 प्रतिशत पर. ग्रोथ के के लिहाज से काफी पोटेंशियल यानी संभावनाओं से भरा था. यहां हम एक होलसेल डीलर अप्वॉइंट कर चुके थे, जो छोटी-छोटी दुकानों पर माल दे रहा था और इस तरह हम ग्रास रूट लेवल पर डिमांड क्रिएट करने और अपना बेस मजबूत करने में लगे हुए थे. साथ ही साथ इंडस्ट्रियल, ऑटो और रिटेल में भी अपनी सेल बढ़ाने की कोशिश कर रहे थे. मुझे अब भी याद है कि एक बार जब हमारे ऑल इंडिया सेल्स मैनेजर जब वह वहां अपनी मार्केट डेवलपमेंट

विजिट में पहुंचे तो उन्होंने मुझे वहाँ यात्रिक होटल में रात को होटल बुलाया और रिपोर्ट देने के लिए कहा. मैंने यही सब बातें जो ऊपर लिखी है, लगभग 1 घंटे तक मैं बोलता रहा. शॉर्ट टर्म प्लैनिंग, लॉन्ग टर्म प्लानिंग, डिमांड जेनरेशन, सेल्स प्रमोशन, एडवरटाइजिंग सपोर्ट सभी कुछ और कहा कि पर इस सबके लिए समय चाहिए. वह मुस्कुराए और बोले

In the longer run Ranjan, we are all dead, so no time. You have to do it now.

यानी, समय ही तो नहीं है, ज्यादा लंबे समय में हम में से कोई जिन्दा नहीं होगा जो करना है अभी करो.

इस दौरान हमारे होलसेलर महोदय समझ चुके थे की कंपनी का इनके अलावा कोई और विकल्प नहीं है, और उन्होंने अपने मसल्स को चमकाना शुरू कर दिया था. पेमेंट में ढील, टारगेट में ढील वगैरा-वगैरा, मांगने शुरू कर दिए. उन्होंने अपने द्वारा निर्मित माल बेच कर पैसे कमाना भी शुरू कर दिया था.

फँस गए बिचारे सेल्समैन साहब. एक दो होलसेलर और अपॉइंट किए भी, पर उनका रिजल्ट आने में टाइम लगना था. ऊपर से कोढ़ में खाज, यानी मेरी शादी हो गई. अब समस्या दोनों तरफ थी. नई नवेली बीवी की आकांक्षाएं और कंपनी का बेहतर परफॉर्मेंस का दबाव, काफी मुश्किल समय था. उस समय मैं अयोध्या और फैजाबाद भी कवर करता था और फैजाबाद जिसका नाम अब अयोध्या कर दिया गया है, के मुस्लिम डीलर्स से मुझे आश्चर्यजनक सपोर्ट मिला. कई बार मुश्किल हालात में मदद आपको वहां से नहीं मिलती जहां से आपने उम्मीद की होती है. बल्कि वहां से मिलती है जहां से आपने सोचा ही नहीं होता, और ऐसा सिर्फ सेल्स मैं नहीं होता वास्तविक जिंदगी में भी होता है. दरअसल कोई मुसीबत आने पर हमें झटका लगता है, और हम सब बदहवास हो जाते हैं और अपने उपलब्ध साधनों पर निगाह दौड़ाते हैं. आसपास के लोगों से विचार विमर्श करते हैं और एक रास्ता तलाश करते हैं. सेल्स लाइन में ऐसा बहुत जल्दी में करना पड़ता है क्यूंकि समय बहुत कम होता है और टारगेट की तलवार सामने लटकी

होती है. अब यह इरशाद भाई एक होलसेलर थे जो फैजाबाद के आसपास के क्षेत्रों में हमारे माल के साथ अपना लोकल माल भी होलसेल करते थे. पावरफुल डीलर थे मेरे टारगेट का एक बड़ा हिस्सा उनके ऊपर भी निर्भर करता था. उनकी सोच काफी पुरातन थी यहां तक कि अपने घर में उन्होंने टीवी तक नहीं लगने दिया था. उनके छोटे भाई मुमताज से मेरी खूब पटती थी, क्यूँकि उसकी और मेरी शादी सिर्फ 3 दिन के अंतर से हुई थी. एक दिन जब मैं उनकी दुकान पर पहुंचा तो वो पहले से भरे बैठे थे क्यूँकि हमने कंपनी पॉलिसी के तहत देहात में डीलर नियुक्त करने शुरू कर दिए थे जो उनसे माल लिया करते थे. वैसे भी वह मेरे बॉस यानी एरिया मैनेजर को अधिक पसंद नहीं करते थे. मेरे दुकान में घुसते ही वह शुरू हो गए, मैंने बड़ी कोशिश की, उनकी बातों का जवाब देने की कंपनी के प्रतिनिधि होने के नाते, पर सुन कौन रहा था? वह काफी उत्तेजित थे और कुछ सुनने को तैयार नहीं थे. लिहाजा मैंने बोलना बंद कर दिया और चुपचाप उनकी शिकायतें सुनता रहा. वह मेरे बॉस को बुरा भला कहते रहे कंपनी की पॉलिसी का बखिया उधेड़ते रहे, करीब आधे पौने घंटे बाद जब वह धीमे पड़े तो मैंने धीमे से कहा कि सर अब ऑर्डर तो लिखा दीजिए. वह खिल खिलाकर हंसे और बोले कि यार तेरे जैसा सेल्समैन मैंने अब तक नहीं देखा.

फिर उन्होंने एक लंबा सा आर्डर लिखवाया और लंच के लिए अपने घर लेकर गए जो बहुत ही आश्चर्यजनक था, क्यूँकि तब तक हिंदू मुस्लिम झगड़े की शुरुआत हो चुकी थी. इस घटना का जिक्र मैंने अपनी काबिलियत बताने के लिए नहीं किया, बल्कि यह बताने के लिए किया कि अगर हम थोड़ा सा संयम रखें तो हम एक बड़ी दुर्घटना को बचा सकते हैं. उस दिन अगर मैं भी उत्तेजित हो जाता, तो डीलर का हमसे संबंध विच्छेद होना तय था.

चलिए आगे बढ़ते हैं

अब चूँकि चुनौतियां काफी अधिक थी 20 प्रतिशत मार्केट शेयर में जहां का सबसे बड़ा डीलर जो आपकी टेरिटरी का 40 प्रतिशत हिस्सा रखता हो और जो आपसे मोलतोल कर रहा हो तो आप क्या करेंगे?

इस बीच में नेटवर्क करैक्शन की गतिविधियाँ, डिमांड जेनरेशन की गतिविधियाँ और साथ में नई गृहस्थी के साथ तालमेल चल ही रहा था कि वज्रपात हुआ बहुत बड़ा झटका था वह.

मेरी मां जो सबसे बड़ी प्रेरणा थीं मेरी, जो मुझे जीवन से लड़ना सिखाती थी, जिनसे मैंने प्रेम, भक्ति, और जीवन के मूल्यों के बारे में सीखा. जिन्होंने मेरी गृहस्थी बसाई, अचानक चली गई. तब तक मेरे बड़े बेटे का जन्म हो चुका था. यह भावनात्मक रूप से बहुत बड़ा झटका था मेरे लिए, पर इसकी बदौलत मुझे होम टाउन में ट्रांसफर का तोहफा मिला मुझे और तब जिंदगी का एक नया अध्याय शुरू हुआ मेरे लिए.

काफी कुछ सिखाती है जिंदगी आपको, बशर्ते आप सीखना चाहें. इस दौर में मैंने इंडस्ट्रियल सेल्स, सरकारी विभागों की सप्लाई, डीलर नेटवर्किंग, लोकल प्रमोशन आदि बहुत कुछ सीखा. मैंने साथ में डिस्टेंस लर्निंग से व्यवसाय प्रबंधन में डिप्लोमा भी करने की कोशिश की, पर हो नहीं पाया. दिनभर सेल्स में भटकने के बाद, रिपोर्टिंग, ऑर्डर्स का फॉलोअप और आखिर में परिवार और नई नवेली बीवी की आकांक्षाओं के चलते संभव ना हुआ. अब आप इसे गलती का नाम दें या परिस्थितियों का तकाजा, आपके ऊपर छोड़ता हूं,

चलिए आगे बढ़ाते हैं गाड़ी.

इस मोड़ तक पहुंचते-पहुंचते काफी टूट गया था मैं, और जीवन को एक नया रूप देने का समय आ गया था.

यहां नए तरीके की समस्याएं हाथ फैलाए मेरा इंतजार कर रही थी. पारिवारिक और व्यवसायिक दोनों.

व्यवसायिक रूप से ये एक ऐसा क्षेत्र था, जहां हमारा बाजार में हिस्सा (मार्केट शेयर) 70 प्रतिशत से भी अधिक था पर यह प्रतिद्वंदी कंपनियों की आक्रामक नीतियों के कारण लगातार गिर रहा था और हमारे पास इसे रोकने के बहुत कम विकल्प थे. इसके लिए ना सिर्फ हमें मार्केट ट्रेंड्स के हिसाब से अपनी नीतियां बदलनी पड़ती, अपने डीलर से व्यवहार बदलना पड़ता, अपनी कार्य शैली में

परिवर्तन करना पड़ता. पर जैसा व्यक्तिगत रूप से होता है वैसा ही कॉरपोरेट्स स्तर पर भी होता है यानी अहम, जो बाजार में उच्च हिस्सा होने के नाते आ ही जाता है. अब मैं थोड़ा सा परिचय आपको उस माहौल का देना चाहूंगा जिसमें मैं काम कर रहा था. मैं जिस कंपनी में काम कर रहा था वह एक भारतीय कंपनी होने के बावजूद अपने क्षेत्र की अग्रणी कंपनी थी, जो अपने बहुराष्ट्रीय प्रतिद्वंदियों जिनके पास फाइनेंशियल मसल्स थे बेहतर पेशेवर दिमाग थे, उनके मुकाबले हर वर्ष दशकों से बेहतर परिणाम दे रही थीं. शेयर होल्डर का भरोसा भी उन पर बढ़ता जा रहा था. पर यहां तो उल्टा ही हो रहा था. हम इस मार्केट में तो मार्केट गंवा रहे थे. अब कैसे समझाएंगे आप ऊपर वालों को? दरअसल लचीली मार्केटिंग पॉलिसीज को अपनाकर मार्केट शेयर गेन करना काफी आसान है, पर उसे उस स्तर पर मेंटेन करना या उसे बढ़ाना काफी मुश्किल. लिहाजा हमने भी वही किया जो करना चाहिए था.

देखिये, बिजनेस कम्युनिटी ऐसी कम्युनिटी है जो सिर्फ पैसे से प्यार करती हैं, हम उनकी बिजनेस संतुलन तो नहीं डिस्टर्ब कर सकते थे पर ऐसा माहौल तो निर्मित कर ही सकते थे, जहां वो खुश होकर हमारे साथ नाच गा सकते थे या हमारे साथ खुशी मना सकते थे यानी भावात्मक रूप से उन्हें खुश रख ही सकते थे. हमने उनके साथ त्यौहार जैसे दीपावली पूजन या होली मिलन आदि मनाने से शुरू किए, क्रिकेट मैच खेले, और उन्हें तरह तरह से पुराने समय की याद दिलाई जब उन्होंने या उनकी पुरानी पीढ़ी ने व्यापार शुरू किया था. जिसकी बदौलत आज वह यहां है.

खैर, हर व्यापारी देखता है कि रुपये कहां ज्यादा मिल रहे हैं. मेरी भूमिका इस पूरे प्रकरण में होती थी कि मैं इन सारे प्रकरणों में एंकर की भूमिका निभाता था, जबकि बाकी सभी लोग उस महीने उस क्वार्टर या सालाना टारगेट के लिए जूझ रहे होते थे. पर पता नहीं क्यों मेरे टारगेट अक्सर पूरा हो जाया करते थे. शायद सकारात्मक सोच भी इसमें एक महत्वपूर्ण रोल निभाती है. एक बात का उल्लेख खास तौर पर करना चाहूंगा मेरी पत्नी सुनीता, हर कदम पर मेरा साथ देती थी. जब भी मैं किसी तनाव में होता था वही मुझे सहारा देती. इस बारे में आगे लिखूंगा. अब आते हैं दूसरी चुनौतियां जो मेरा इंतजार कर रही थी यानी पारिवारिक.

मां के जाने के बाद परिवार बिखर सा गया था. दुनिया बदल चुकी थी. पिताजी के साथ ही हम भी एक शून्य सा महसूस कर रहे थे. परिवार भी बढ़ रहा था मेरा दूसरा बेटा हुआ. यहां पर इस मोड़ पर मैं आर्थिक रूप से कंगाल था. यानी जेब में पैसे नहीं थे. शायद इसीलिए मैंने उसका नाम रखा संचित यानी संचय करने के लिए. मेरे एक भाई जो डॉक्टर थे और विदेश में थे दूसरे भाई जो जर्नलिस्ट थे पर अविवाहित थे. मुझसे छोटा जो कई काम करके देख चुका था पर परिवार की देखरेख करता था, यानी सब कुछ हौचपौच सा था. इस सब के साथ जिंदगी धीमे-धीमे आगे बढ़ रही थी. पर कुछ तो छटपटाहट थी. मैं जॉब छोड़ कर कोई व्यवसाय शुरू करना चाहता था, पर उसके लिए पूंजी चाहिए. कई नये आइडिया दिमाग में आते थे, जहां सफलता मिल सकती थी पर. पूंजी? और फिर शायद असफलता का डर? यहीं शायद मैंने गलती की, अगर मैं साहसिक कदम उठाता तो शायद दुनिया कुछ और होती, जिंदगी कुछ और होती, हाँ कुछ समय मुश्किलों में बिताना पड़ता, पर यहीं वह मोड़ आता है जब आप अपनी जिंदगी को मोड़ दे सकते हैं, पर मैं चूक गया. अब आप इसे पारिवारिक स्थिति भी कह सकते हैं. साहस का अभाव भी कह सकते हैं या शायद भाग्य. जैसा मैंने शुरू में लिखा था. परिस्थितियां आपको मजबूर करती हैं. अपनी सोच के विरुद्ध जाने के लिए और एक मजबूत लक्ष्य के अभाव में आप परिस्थितियों के आगे समर्पण कर देते हैं, बिल्कुल यही हुआ. जीवन के महा समुद्र में मेरी नौका हिचकोले लेती आगे बढ़ने लगी, अब मेरा तत्कालिक लक्ष्य अपने बच्चों को अच्छी शिक्षा उपलब्ध कराने का था और काफी हद तक मैं इसमें सफल भी हुआ. इस बीच हमने अपने नए बनाये घर में जो नगर से थोड़ा दूर एक नई कॉलोनी में जाने का फैसला किया जो लगभग वीरान क्षेत्र में थी.

सभी परिचितों ने इसके लिए मना किया, पर मेरा विचार एकदम साफ था. इससे जो किराया हम अपने फ्लैट का दे रहे थे, वही अगर हम अपने होम लोन में दे देते तो कुछ वर्ष में हमारा अपना घर हो सकता था, और यही हुआ भी. आज हमारे पास अपना घर है, और हमें अपने अंतिम दिनों में सिर छुपाने की जगह तो है. पर इतना आसान नहीं था यह सब. हमें उस बियाबान में रात को सजग रहना पड़ता था. सिक्योरिटी के कारण. जब भी मेरा बोनस या इंसेंटिव

आता था तो हम अपने घर में कुछ नया बनाने के लिये जोड़ देते थे. सुनीता (मेरी पत्नी) बहुत कम खर्च में घर चलाने वाली पत्नी थी. उसके कारण मुझे भी अपने व्यक्तिगत खर्चों पर लगाम लगानी पड़ती थी. गाड़ी धीमे धीमे चल रही थी पर फिर दो आघात और हुए. पहले तो पता चला कि पिताजी कैंसर से प्रभावित है और वह तीसरे स्टेज में है. तब तक मेरे बड़े भाई जो डॉक्टर हैं, भारत वापस आ चुके थे, और उनकी देखरेख में उन्हें उनके पास दिल्ली/नोएडा ले जाना पड़ा इलाज के लिए.

हमारे पुरुष प्रधान समाज में बेटियों को बेटों की अपेक्षा कम महत्व दिया जाता है, पर सच तो यह है कि बेटियां ही परिवार के अधिक काम आती हैं. उनका प्यार, ममता, आत्मियता, सभी कुछ वह कर दिखाती हैं जो शायद बेटे ना कर सके. हमारी बड़ी बहन ने ना सिर्फ उन्हें उस महानगर में रखा और सहारा दिया जहां का खर्च बर्दाश्त करने की स्थिति में हम नहीं थे. इसमें बहुत बड़ा श्रेय उनके घर वालों का भी था. जिन्होंने कई महीनों तक अपनी सुविधाओं का त्याग करके अपना फर्ज अदा किया. हमारे समाज में यह माना जाता है कि बेटी के घर का पानी भी नहीं पिया जाए क्यूँकि बेटी हमारा दायित्व है. आज के वातावरण में थोड़ा अजीब लगता है पर इसके गहरे अर्थ हैं. बेटी पराया धन है, उसके अपने परिवार के कुछ दायित्व है, जिन्हें पूरा करना उसका कर्तव्य है. क्या हम उसके ऊपर बोझ डालकर उसके ऊपर अधिक तनाव पैदा नहीं कर रहे हैं?

माफ कीजिए, मैं अपनी पुरातन सोच को उचित साबित करने की कोशिश नहीं कर रहा, मैं सिर्फ उसके कारणों को बताने की कोशिश कर रहा हूं. बहरहाल, उनका अंतिम समय आ चुका था, और उन्होंने अपने घर वापस आने की इच्छा जताई. आखिर उसी घर में जहां उन्होंने पिछले 40 वर्ष बिताए थे उन्होंने आंखें मूंदी.

एक ऐसा घर जो किराए का था, जरूरत से बहुत छोटा था, जहां हम सब ने अपना बचपन और जीवन का बड़ा हिस्सा बिताया था.

कभी-कभी मुझे हैरानी होती है कभी गुस्सा आता है कि कैसे एक वरिष्ठ इंजीनियर वह भी सरकारी विभाग के जिनके जूनियर इंजीनियरों तक की विशाल कोठियां थीं, क्यों नहीं अपना घर बना सके? कारण बहुत से हो सकते हैं,

पर एक बात तो पक्की है वह मूल्यों वाले व्यक्ति थे और हमेशा सकारात्मक विचारों से लबालब. अक्सर व्यक्ति की अच्छाइयां उसके जाने के बाद भी याद आती हैं.

मैं शायद उनकी डांट का अपने परिवार में सबसे अधिक पात्र रहा. पर उनके जाने के बाद मुझे अब भी याद आता है उनका कहना, कि बेटे खा ले डांट, आदमी बन जाएगा.

इसी बीच हमारे सबसे बड़े भाई जो आगरा में ही एक प्रमुख दैनिक समाचार पत्र में उप संपादक बन चुके थे, रात में कार्यालय से लौटते में एक सरकारी जीप द्वारा दुर्घटनाग्रस्त हो गए. उनकी टांग की हड्डी में कई बार सर्जरी करानी पड़ी, आखिर में वह बिस्तर पर आ गए. अक्सर मुझे उनके खाने, दवाई और बैड पैन के लिए जाना पड़ता था, खासकर जब उनका सफाई वाला नहीं आता था. कई बार तो अपनी सेल्स मीट छोड़कर मुझे आना पड़ता, जिसके लिए मुझे अपने सुपीरियर्स की नाराजगी का भी सामना करना पड़ा.

यहां मुझे स्वीकार करना चाहिए कि मैं उनकी पीड़ा के लिए उतना संवेदनशील नहीं हो पाया जितना मुझे होना चाहिए था. कारण बहुत से थे, पारिवारिक स्थिति, व्यावसायिक व्यस्तताओं यानी कॉर्पोरेट जॉब और वह भी सेल्स में. उनकी याचना भरी आंखें, अपने छोटे-छोटे कामों में सहायता की मांग और सबसे बड़ी बात कि उनका साथ समय बिताने की आकांक्षा पर, मैं कैसे करता? अक्सर मुझे टूर पर भी रहना पड़ता था. टाइम, बेटाइम अक्सर देर रात्रि पता चलता था कि उनका टिफिन नहीं पहुंचा. कई बार घर से तो कई बार होटल से खाना अरेंज करना पड़ता था, तब ज़ोमेटो जैसी कम्पनी का चलन नहीं था, क्यूँकि तब तक मोबाइल का चलन इतना नहीं था. टूर से देर रात्रि लौटने के बाद सुनीता ने इसमें मेरा भरपूर साथ दिया पर एक बात के लिए वह कभी सहमत नहीं हुई, उन्हें अपने साथ रखने के लिए. शायद दो बच्चों की परवरिश और हमारी सीमित आय मुख्य कारण थे,

इसके शायद और भी मनोवैज्ञानिक या आर्थिक कारण हों. आज जब वह नहीं हैं, मुझे उनकी बातें याद आती हैं. वह बहुत ही आत्मसम्मानी व्यक्ति थे

जो सही बात के लिए लड़ना जानते थे. जीवन की असफलताओं ने उन्हें फाइटर बना दिया था. पेशे से पत्रकार होने के नाते वह समाज की कमजोरियों से अच्छी तरह वाकिफ थे. इंटरमीडिएट में जैसे तैसे पास होकर सिविल इंजीनियरिंग में डिप्लोमा में दो बार फेल होकर छोटी-मोटी नौकरी करके उन्होंने एक छोटे से लोकल समाचार पत्र 'ताज टाइम्स' में उन्हें वह काम मिला जो उनको पसंद था यानी लिखना. बचपन से ही वह कविताएं लिखते थे, और आप तो जानते ही हैं कि कविताएं, अभिव्यक्ति का एक बेहतरीन माध्यम है. उनकी अन्य पसंदों में रंगमंच, संगीत और हास्य व्यंग आदि थे. हम सब उन्हें 'दादा भैया' कहते थे. पांवी की बगीची जहां हम सब रहते थे, में रहने वाले सारे बच्चे उनके दल में शामिल थे. कभी वह दशहरे पर बड़ा सा रावण बनवा कर दहन करते, कभी होली पर उनके लिए रंगारंग कार्यक्रम आयोजित करते तो कभी दिवाली पर पटाखों का कार्यक्रम चलाते थे.

पत्रकारिता की सीमित आय से बच्चों में वह उत्साह और खुशी को फूंक देते थे, वह खुशियां बांटना जानते थे.

जीवन की असफलताओं ने उन्हें फाइटर बना दिया था. फाइटर भी ऐसे जो अपने पिता तक से मां की ओर हो रही ज्यातियों के लिए भिड़ जाया करते थे. मां के अंधभक्त थे. वह पत्रकारिता पेशे के तहत जब रात में 2 या 3 बजे के बाद वह लौटते थे तो उनकी यही इच्छा होती थी कि मां खुद उन्हें खाना गर्म करके दें. कई बार तो पिताजी से उनका विरोध हिंसात्मक तक हो जाता था. वैसे मुझे उनकी व्यवसायिक जिंदगी के बारे में अधिक नहीं मालूम पर मैंने सुना था कि कुछ मुद्दों पर अपने मैनेजमेंट और जीएम के खिलाफ भी खड़े हो जाया करते थे.

पर ऐसा व्यक्ति अपने अंतिम दिनों में बहुत अकेला था शायद अगर उनकी शादी हुई होती तो इतना अकेलापन इतना दर्द नहीं झेलना पड़ता जैसा मैंने ऊपर लिखा अगर उन्होंने अपना व्यवसाय सही चुना होता और साइंस या इंजीनियर के पीछे नहीं पड़े होते तो शायद वह कहीं और होते, हमारे लिए जरूरी है कि हम अपनी या अपने बच्चों की अपील को समझें जिससे आगे चलकर अपनी जॉब या व्यवसाय एक बोझ ना लगने लगे और इसमें उलझ कर ना रह जाएं.

एक और उदाहरण है इसी संदर्भ में, मेरे मामा का बेटा यानी मेरा कज़िन, बेचारा इंटरमीडिएट में दो बार फेल हुआ संयोग से उसे एक कंप्यूटर कोर्स में दाखिला मिला और विश्वास करिए कि उसने वहां गोल्ड मेडल हासिल किया.

अब बात करते हैं अपनी, मैंने जब सेल्स जॉब अपनाई सब तो कुछ गुलाबी था. बड़ी कंपनी में जॉब, और जॉब भी ऐसा जो मेरे टेंपरामेंट को बड़ा सूट करता था यानी नए नए लोगों से मिलना वैल ड्रैस्ड, विनम्र एटिट्यूड उन्हें अपनी बातों से कनर्विंस करना अपनी काबिलियत को साबित करना आदि. यहां तक मेरी परफॉर्मेंस ठीक-ठाक थी पर जैसे जैसे समय बीतता गया, यह सब एक रूटीन होता गया नया सीखने की गुंजाइश कम होती गई, बस टारगेट और टारगेट, महीने का टारगेट, प्रोडक्ट का टारगेट, कलेक्शन टारगेट, ये टारगेट वो टारगेट बस. बहुत आसान हो गया था और मेरे अपने व्यक्तिगत जीवन के टारगेट भी हासिल होते जा रहे थे यानी मेरे बच्चे भी कान्वेंट स्कूल में पढ़ कर एक अच्छे भविष्य की तलाश में थे, पर कॉर्पोरेट कंपनीज में यह सब इतना आसान नहीं होता, हर चीज की एक कीमत होती है मेरी किस्मत अच्छी थी कि मैं एक ऐसी कंपनी में काम कर रहा था, जहां मैनेजमेंट ट्रेनी सीधे बड़े इंस्टिट्यूट से रिक्रूट होते थे और उन्हें सीधे ब्रांच या अन्य विभागों में भेज दिया जाता था. अनुभव के लिए कुछ टाइम अनुभव के बाद या तो वह प्रमोट हो जाते थे या फिर वह कंपनी बदल कर करके कैरियर बनाते थे. इसलिए मार्केट संभालने का काम हम जैसे अनुभवी लोगों पर आ जाता था, और हमारे लिए मुश्किल भी नहीं था. पर वक्त एक सा नहीं रहता. बाहरी दुनिया में, राजनैतिक और आर्थिक कारणों, टेक्नोलॉजी में और सामाजिक बदलाव के कारण बाजार की स्थिति बदलती है उसी के हिसाब से कंपनी अपनी नीतियां बदलती है. अब सब कुछ प्रोफेशनल होता जा रहा था यानी मानवीय संवेदनाएं कम होती जा रही थीं.

देखिए, व्यवसाय एक बड़ा व्यापक क्षेत्र है, इसमें बहुत से कारक और कारण हैं मुख्य रूप से यह लाभ या प्रॉफिट से निर्धारित होता है क्या करने में आप का लाभ है या क्या संभावित नुकसान. और यह सिर्फ आर्थिक रूप से नहीं समग्र जीवन में भी लागू होता है. शायद इसी को लोकाचार की भाषा में बुद्धिमान होना कहा

जाता है. कुछ लोग ऐसे भी होते हैं जो फायदे नुकसान की बात छोड़ कर विराट रूप से सोचते हैं, यानी फायदे नुकसान से ऊपर उठकर यह विचारकों की श्रेणी में आते हैं, और समाज को दिशा देते हैं. बहरहाल हमारी कंपनी भी अपवाद नहीं थी देश का आर्थिक माहौल ही बदल रहा था, नीतियां बदल रही थी लोगों का रहन सहन बदल रहा था सोचने का तरीका बदल रहा था, एक नई पीढ़ी, जो स्वतंत्रता के बाद पैदा हुई थी, अस्तित्व में आ चुकी थी पुराने तौर-तरीके रहन-सहन सोचने का तरीका, यहां तक कि मृल्य भी बदल चुके थे. कम्बाइंड फैमिली की अवधारणा विदा लेती जा रही थी. अब लोगों को शास्त्रीय संगीत या गजला के स्थान पर रॉप और पॉप पसंद आने लगे थे. व्यवसाय में भी मोनोपोली और इंस्पेक्टर राज खटकने लगे थे. आम जनता को, सौभाग्य से मैं कॉरपोरेट सेक्टर की एक ऐसी कंपनी में काम कर रहा था जो ना केवल स्वदेशी थी बल्कि अपने क्षेत्र की अनेक बहुराष्ट्रीय कंपनियों को मात देकर उनसे मीलों आगे थी, इसका मेरे जीवन पर गहरा प्रभाव पड़ा, और शायद इसलिए भी कि समग्र रूप से देश में एक नई सोच विकसित हो रही थी राजनैतिक परिदृश्य में भी यह काल बहुत उथल-पुथल भरा था, हमने इमरजेंसी आर्थिक उदारीकरण विरोधी पार्टियों का सत्ता में आना और जाना, अरबों के घोटाले, भीषण मुद्रास्फीति सभी कुछ देखा. आर्थिक परिदृश्य छोटी से छोटी राष्ट्रीय घटना से प्रभावित होता है, और इसे मापने का सबसे आसान सूचक है शेयर मार्केट यद्यपि अपने आप में यह संपूर्ण दिशा सूचक नहीं है, पर शेयर धारक का मूड तो बताता ही है कि उसे अपनी जेब के पैसे का सबसे अच्छा रिटर्न कहां मिल रहा है? यानी कि देश हल, बैल, ब्लैक आउट, साइकिल, रेडियो आदि के युग से बाहर आ चुका था, कंपनी में हर स्तर पर बदलाव आ रहे थे, पुराना शीर्ष प्रबंधन विदा लेता जा रहा था, निचले स्तर पर भी अब अनुभव के स्थान पर व्यवसायिक शिक्षा व कौशल स्थान लेने लगा था मुझ से जूनियर लोग भी जो एमबीए करके आते थे, पर कंप्यूटर में दक्षता प्राप्त होकर आने लगे. मैं मानता हूं कि कंप्यूटर के मामले में मैं काला अक्षर भैंस बराबर था. पर कहते हैं ना कि 'इग्नोरेंस इज़ नो एक्सक्यूज यानि कि आप बहाना नहीं बना सकते जानकारी ना होने का लिहाजा मैं पिछड़ने लगा और ऐसे में नेगेटिव थिंकिंग हावी होने लगती है मैं मानता हूं कि मैंने स्वयं यह फैसला किया था कि बच्चों को अच्छी एजुकेशन देने के लिए आगरा में रहना मेरी

प्राथमिकता थी, फिर भी हाड़ तोड़ मेहनत के बाद भी यह सब काफी मानसिक तकलीफ देने वाला था.

कंपनी ने भी औपचारिक रूप से कंप्यूटर साक्षरता के लिए कोर्स आयोजित किया पर वह काफी नहीं था. दरअसल बदलाव लाने के लिए अपने अंदर ही इच्छा जागृत होना जरूरी है, पर हम जैसे अनुभवी लोगों में या तो अपने अनुभव का एक मिथ्या घमंड होता है, या फिर नई को स्वीकार करने का डर, साथ ही पारिवारिक परिस्थितियां हमें कोढ़ में खाज की तरह हमारे पैरों को जकड़ लेती हैं. फ़्रस्ट्रेशन तो बढ़ना ही था, पर अब वह कामकाज और व्यवहार में भी लक्षित होने लगा. मुझे शराब की लत लग गई, जो धीमे धीमे शौकिया बियर से बढ़ते बढ़ते, हर दिन तक पहुंच गई.

मैं यही आपसे कहना चाहूंगा कि मैंने यह महसूस करने में काफी देर कर दी कि यह एक खतरनाक लत है.

यह एक बहुत ही विस्तृत विषय है जिस पर काफी कुछ लिखा जा सकता है. शुरू में हम इसलिए पीते हैं क्यूँकि मजा आता है हम अपने ग़म, मुश्किलें, संघर्ष असफलताएं आदि कुछ समय के लिए भूलकर चीयर्स बोलते हैं, कुछ समय अच्छा मिलता है और फिर हम इसे दोहराना चाहते हैं, फिर धीमे-धीमे यह मीठा जहर फैल कर हमारी आदतों में शामिल हो जाता है. हमें नहीं मालूम पड़ता कि हम कब इसके गुलाम हो गए हैं, नशे में हम सामान्य और असामान्य क्रियाओं के बीच का फर्क मालूम नहीं पड़ता पर सामने वाले को असामान्य व्यवहार दिखाई पड़ता है अक्सर वह इसे हास्य व्यंग समझकर दरनिकार कर देते हैं. पर कई बार नशे में हम ऐसी हरकतें कर बैठते हैं जो दूसरे व्यक्ति को नागवार गुजरती हैं और रिश्तो में गांठ पड़ जाती हैं. या वह कई बार समाप्त तक हो जाते हैं, और हम समझ ही नहीं पाते कि ऐसा क्यों हो रहा है. कुछ लोग आपके मुंह पर आपकी कमजोरी या गलती बता देते हैं, पर एक बहुत बड़ी संख्या उन लोगों की है जो आपसे कुछ कहते नहीं बस किनारा कर लेते हैं, और धीमे-धीमे आप समाज से कटना शुरू हो जाते हैं हम कितने भी आजाद विचारों के क्यों ना हों, हमारा भारतीय समाज या फिर यूं कहें कि किसी भी समाज में, शराब को एक सामाजिक बुराई के रूप में देखा जाता है

हम यह समझते बूझते हुए भी अनजान बनने की कोशिश करते हैं. या फिर इसके लिए बहाने बनाने की कोशिश करते हैं हम मध्यम वर्ग के लोगों को यह आर्थिक रूप से भी खोखला कर देता हैं. वह पैसा जो हम अपने परिवार की खुशहाली के लिए लगा सकते थे, या अपने सुरक्षित भविष्य के लिए इन्वेस्ट कर सकते थे, अपनी क्षणिक आनंद के लिए करवा देते हैं, और हमें मिलता क्या है? एल्कोहलिज्म, लिवर सिरोसिस, खस्ता आर्थिक स्थिति, सामाजिक बहिष्कार, एकाकी जीवन और सबसे बड़ी बात, सुखी पारिवारिक जीवन की समाप्ति. कोई भी पत्नी नहीं चाहती कि उसका पति एल्कोहलिक हो. मजबूरी में उसे यह स्वीकार तो करना पड़ता है, पर मन में घृणा का भाव तो आ ही जाता है. यही हाल बच्चों का भी है कोई भी बच्चा अपने पिता को शराबी के रूप में नहीं देखना चाहता. उन्हें डरा कर धमका कर पीटकर चुप तो किया जा सकता है, पर इज्जत करने पर मजबूर नहीं किया जा सकता.

एक और पक्ष है इसका, उनके अवचेतन मन में इन सब घटनाओं की एक तस्वीर छप जाती है और तब इसकी दो तरह की प्रतिक्रियाएं सामने आ सकती हैं, या तो जैसे मैंने ऊपर लिखा घृणा का भाव और दूसरा, जो अधिक खतरनाक है वह उसकी नकल करना चाहता है.

अक्सर बेटे इसके शिकार होते हैं, और स्थिति आने पर उसकी नकल करने की कोशिश करते हैं, लिहाजा यह बीमारी बढ़ती जाती है इस समस्या का एक पक्ष और भी है.

क्या आपको भी मेरी तरह लगता है कि गणतांत्रिक जनवादी सरकारें भी इसमें परोक्ष रूप से सहयोग देती हैं? दरअसल लोकतांत्रिक तरीके से चुनी गई सरकारों को भी अपनी जनोपयोगी योजनाओं के लिए पैसा चाहिए होता है. भारत जैसे विशाल, उन्नति शील देश के लिए गरीब जनता के कल्याण के लिए अपार पूंजी की आवश्यकता है. शताब्दियों से, गुलामी में जकड़ी जंजीरों ने देश को खोखला कर दिया है. राजशाही और निरंकुश शासन ने गरीबी को और बढ़ाया है. अपने लाभ के लिए राजनीति ने जातिवाद, भाषा और धार्मिक रूप से अलगाव को बढ़ावा दिया है. लोकतंत्र आने पर भी मानसिक रूप से स्वतंत्र नहीं हो पायी है राजनीति,

शासन किसी भी दल का हो, शासन चलाने के लिए पैसा या पूंजी चाहिये. यह पूंजी विभिन्न करों द्वारा हासिल की जाती है, स्वतंत्रता के बाद राष्ट्र निर्माण के लिए जो पूंजी चाहिए थी, वह पर्याप्त नहीं थी. लिहाजा नये-नये करों का जन्म हुआ, अन्य कर एक सीमा तक ही बढ़ाये जा सकते थे. ऊपर से वैश्विक आर्थिक मंदी, युद्ध और औद्योगिकीकरण जैसे कारक भी अपना असर छोड़ते थे लिहाजा शराब और पेट्रोल जैसे आइटम सरकारों के हाथ लगे, जहां से राजस्व वसूला जा सकता था. लिहाज़ा दोनों पर कर बढ़ते गए. शराबबंदी, जो राष्ट्रपिता महात्मा गांधी का सपना था, हवा में उड़ गया. इस आग में घी डाला फिल्मों ने, जो गरीब जनता का सर्व सुलभ मनोरंजन का साधन था. जहां शराब को फैशन और चलन के रूप में दिखाया जाता था.

अक्सर, फिल्में समाज को एक कल्पित रूप में पेश करती हैं, हालांकि उनका यह तर्क होता है कि जैसा समाज में है, वही दिखाते हैं पर सच यह है कि पैसे बनाने के लिए और सस्ती लोकप्रियता हासिल करने के लिए वह इनमें अति रंजक यानी बढ़ा चढ़ाकर पेश करते हैं. उनका इससे कोई सरोकार नहीं होता कि इससे समाज पर क्या असर पड़ रहा है. याद करिए देवदास फिल्म जो बहुत ही साहित्यिक कृति मानी जाती है, उसी कथानक पर तीन बार बन चुकी है, और उसमें सहगल, दिलीप कुमार और शाहरुख खान जैसे अपने समय की चोटी के अभिनेताओं ने काम किया, को देखकर हजारों कच्चे दिमाग के निराश नौजवानों ने शराब को अपना लिया. वहीं से गम खतम करने के लिए शराब पीने की लत पड़ी.

क्राइम फिल्मों की तो बात ही मत करिए वहां दिखाई गऐ सींस से तो लगता है कि हर क्राइम के पीछे शराब का होना आवश्यक है.

यह तो हुई ऐतिहासिक आर्थिक और सामाजिक पृष्ठभूमि, व्यक्तिगत रूप से मैं इस जाल में फंस चुका था. और इसके वही रिज़ल्ट सामने आ रहे थे जो मैंने ऊपर बताएं.

बहुत कोशिश के बाद भी मैं इसे छोड़ नहीं पा रहा था मेरी कॉरपोरेट जिंदगी में असफलता की निराशा रिटायरमेंट के बाद अनिश्चित भविष्य की चिंता में डूबता

चला गया. मैं इसका असर भी होना ही था. ऊपर लिखे सभी क्षेत्रों में, यानी, व्यवसायिक जीवन में, पारिवारिक और सामाजिक रुप से और आर्थिक रूप से भी मैं ऐसे दलदल में फंसता जा रहा था, जिसमें डूबना निश्चित था.

इसी बीच, मैं कंपनी की 31 वर्ष लंबी जॉब से रिटायर हो गया.

साँझ

हाथ में रिटायरमेंट से मिले पैसे, सेल्स जॉब की भागदौड़ भरी जिंदगी से एकदम घर में खाली बैठने और शराब की लत ने इस बीमारी को और बढ़ा दिया. रात में मात्रा बढ़ने पर दोस्तों ने हैंगओवर या सर दर्द से छुटकारा पाने के लिए रास्ता सुझाया की सुबह आधा या एक पेग ले लो नतीजा यह निकला कि उस पर असर खत्म होते होते ही एक और की जरूरत लगती, फिर उसका असर होते होते एक और यानी सुबह से रात तक.

जाहिर है शरीर पर इसका असर होने लगा, मैं जल्दी-जल्दी बीमार पड़ने लगा उल्टियां, दस्त, कमजोरी, अक्सर बुखार, खांसी, खाने में अरुचि इतनी अधिक होने लगे कि मानों सामान्य बात हो मैं धीमे-धीमे लिवर सिरोसिस की तरफ बढ़ रहा था.

अच्छा, ऐसे में नजदीकी लोगों की बातें भी ज़हर जैसी लगने लगती हैं, और थोड़ा भी ठीक होते ही बोतल और यार दोस्तों की महफिल.

कहते हैं कि हर रात के अंधकार के बाद एक सुबह होती है और जीवन में सुबह लेकर आई मेरी बीवी, जिससे मैं उसकी आदतों, व्यवहार, उसकी बैकग्राउंड के कारण बहुत ना पसंद करता था. उसकी निस्वार्थ सेवा, देखरेख और सलाहों ने मुझे इस भयानक दलदल से बाहर निकाला.

इस बीच बाहरी दुनिया बदल रही थी, आर्थिक राजनैतिक और सामाजिक परिदृश्य बदल रहे थे, मूल्य बदल रहे थे, उनका सामान्य व्यक्ति की जिंदगी पर कई तरह से असर पड़ता है. बढ़ती हुई महंगाई और उम्र आपको कई तरह से प्रभावित करते हैं. मैंने छुटकारा पाने के बाद जीवन को व्यवस्थित करना शुरू किया. कुछ ऊपर वाले की कृपा और कुछ मेरी बीवी की जागरूक देखरेख ने मेरे दोनों बेटों को व्यवस्थित किया. उस समय में हमारा देश भी एक संक्रमण काल से गुजर रहा था. भयंकर महंगाई घोटालों की बाढ़, सांप्रदायिक दंगे, चरम पर भ्रष्टाचार, क्राइम की अति, यानी सब कुछ निराशाजनक. धीमे-धीमे समय ने करवट बदली और मुझे वातावरण में सकारात्मकता नजर आने लगी, मैंने कुछ ऐसे इन्वेस्टमेंट किये जिन्होंने मुझे भारी रिटर्न दिया. वैसे भी देश की इकोनॉमी और शेयर मार्केट

लंबी छलांग लगा रहे थे, इसी को किस्मत कहते हैं शायद, मुझे इस मार्केट के बारे में ज्यादा मालूम नहीं था, पर जब मेरे नेट एसेट्स में अचानक वृद्धि हुई तो मेरी रुचि जागी. मैंने अपने पोर्टफोलियो में परिवर्तन किए, लाभ कमाया जिसने मेरे आत्मविश्वास में उत्तरोत्तर वृद्धि की.

अब तक सोना यानि गोल्ड और रियल एस्टेट व्यवसाय ही सबसे सुरक्षित समझे जाते थे जनसामान्य में, पर इन वर्षों में सारे समीकरण बदल दिए थे. यानी कुछ वर्षों में तो लोगों को 25 से 50 प्रतिशत तक या उससे भी अधिक तक का रिटर्न दिया शेयर मार्केट ने कुछ समझदार इन्वेस्टर्स ने तो करोड़ों कमाए.

एक तरफ रिटर्न थे तो दूसरी तरफ एग्रीकल्चर सेक्टर 2 से 3 प्रतिशत की रफ्तार से आगे बढ़ रहा था यहां मैं कुछ कहना चाहूंगा. मैं एक ऐसे परिवार से संबंध रखता हूं जिसकी जड़ें इटावा डिस्ट्रिक्ट के एक छोटे से गांव जसोहन में है. हमारे पुरखे जो पृथ्वीराज चौहान सन् 1178 से 1192 तक जो कभी अजमेर के राजा थे और जिन्होंने मोहम्मद गोरी के विरुद्ध लोहा लिया था, के राजपुरोहित थे. समय के साथ उनके वंशजों ने इटावा में शरण ली. सन 1940 की भयंकर बाढ़ में उनके परिवार अपनी मौजूदा स्थल पर विस्थापित हुए हमारे परबाबा यानी ग्रेट ग्रैंड फादर एक बौहरे थे यानी मनी लैंडिंग का काम करते थे, बहुत बड़ी संपत्तियों के मालिक बन गए. उनके बेटे यानी हमारे बाबा, जो एक बड़े व्यक्ति के बेटे थे, ने कई व्यवसायों में हाथ आजमाया, पर अक्सर असफल रहे. धीमे-धीमे समय बदलते बदलते, वह संपत्तियां जो उनके पिता ने बनाई थी, बिकती गईं हमारे पिता जो पांच भाइयों और दो बहनों में सबसे बड़े थे, गांव से बाहर निकलने का फैसला किया उन्होंने इलाहाबाद, जो अब प्रयागराज हो गया है, इविंग क्रिश्चियन कॉलेज से इंटरमीडिएट करने के बाद, अलीगढ़ मुस्लिम यूनिवर्सिटी से सिविल इंजीनियरिंग में डिप्लोमा किया. उन्हें सरकारी सेवा में जॉब मिली और इसलिए उनके साथ हमें प्रांत में कई जगह की संस्कृति का परिचय मिला.

इधर गांव में भी हमारा परिवार बहुत प्रतिष्ठित परिवारों में से समझा जाता था, और सामाजिक राजनीतिक और आर्थिक परिदृश्य काफी तेजी से बदल रहा था

जहां बड़े नगर तेजी से बदल रहे थे ग्रामीण अंचल पिछड़ते चले जा रहे थे. कृषि अब सिर्फ गांव में पेट भरने का जरिया रह गई थी. शहरों की चकाचौंध, नौजवानों को खींच रही थी, कृषि भूमि भी हर पीढ़ी के साथ बंटती जा रही थी बड़ी संख्या में लोग अपनी खेती अध बटाई पर उठाकर शहरों में बसने लगे थे, क्यूंकि वहां ना बिजली थी ना सड़कें थीं ना टॉयलेट थे, पर सामाजिक बाध्यताऐं पूरी की पूरी थी. ये सारी पृष्ठभूमि में इसलिए दे रहा हूं, कि आप समझ सके कि कैसे आर्थिक परिदृश्य हमारे फैसलों पर असर डालता है.

जब मैंने रिटायरमेंट के बाद अपने पोर्टफोलियो में परिवर्तन का फैसला किया, मैं अपनी कंपनी से पूरी तरह निराश हो चुका था हालांकि कंपनी के शेयर बेहतरीन रिजल्ट दे रहे थे. इसका फायदा भी मुझे आगे की जिंदगी में मिला. हमें अपने गांव की कुछ जमीनें बेचनी पड़ी, अपना मकान बनवाने के लिये दरअसल हम जिस बैकग्राउंड से आते हैं वहां यह धारणा है कि अगर सिर छुपाने के लिए छत है, तो मुश्किल समय को झेला जा सकता है. अब अगर बात निवेश की चलती है, तो हम सभी जानते हैं की संपत्ति में निवेश कभी भी रिटर्न के लिहाज से उतना लाभदायक नहीं होता जितना शेयर मार्केट में पर उसके लिए जानकारी, सतर्कता, उचित निर्णय लेने की क्षमता, और साधन होना आवश्यक है. दूसरी तरफ, सम्पत्ति में निवेश काफी सरल और सुरक्षित है, पर यहां आवश्यकता होने पर नकदीकरण काफी मुश्किल है. और अक्सर नुकसान में सौदा करना पड़ता है.

यही हाल सोने का है यहां नकदीकरण तो आसान है पर रिटर्न बेहद कम, बाकी कसर व्यापारी पूरी कर देते हैं, जो घटतोली, छीजन बट्टा और रेट में धांधली करते हैं जरूरत के मारे को सब सहन करना पड़ता है.

एक और निवेश जो सबसे अच्छा सेफ और तेज रिटर्न देता है, वो है पैसा उधार देने का. यह दुनिया का सबसे पुराना और सुरक्षित धंधा है, पर आपके पास उधार वसूल करने की क्षमता, ताकत और निर्ममता होना आवश्यक है. लोग अक्सर उधार लेकर भागने की प्रवृत्ति रखते हैं, इसके लिए मसल्स होना आवश्यक है.

हममें से, हर कोई, अपनी परिस्थिति, ज्ञान, उपलब्ध साधन और जो चीज सबसे महत्वपूर्ण है इंपल्स यानी क्षणिक आवेग में पर निर्णय लेता है और यहीं

वह गलती करता है, और पछताता भी है. पर उस वख़्त उसकी जरूरतें है, परिस्थितियां और उसका स्वयं का विवेक उसे मजबूर करता है निर्णय लेने के लिये बाद में सभी कुछ भाग्य पर छोड़ दिया जाता है कि शायद भगवान यहीं चाहता था.

मैं आज भी सोचता हूँ, कि क्या मेरा पोर्टफोलियो डायवर्सिफाई करने का फैसला सही था? वरना आज मेरी नेटवर्थ 3 गुनी तो हो ही सकती थी.

अब बात करते हैं समय की सबसे बड़ी जरूरत यानी कंप्यूटर की.

हमारी कंपनी कॉरपोरेट दुनिया की उन चुनिंदा कंपनियों में से थी जो व्यवसायिक प्रबंधन और कंप्यूटर के क्षेत्र में जागृति और तेजी से कदम बढ़ा रही थी. इसके लाभ भी उसे मिल रहे थे पर मुझे लगता है कि उसने इन्हें ग्रास रूट लेवल पर समझाने में बेहद कंजूसी बरती.

हमें भी एक नेगेटिज्म लगता था, नई टेक्नोलॉजी अपनाने में हम सोचते थे कि जैसे हम काम कर रहे हैं वह तो संपूर्ण है ही, काम लायक रिपोर्ट्स हम निकाल ही लेते थे.

मुझे इसका एहसास रिटायरमेंट के बाद हुआ, जब मैंने सोशल मीडिया पर पांव पसारने शुरू किये. यह कोई छोटी मोटी गलती नहीं थी यहां आकर लगा कि अगर पहले आता होता, तो हम अपनी व्यावसायिक जिन्दगी में अपना काम कितनी अधिक कुशलता से कर सकते थे.

यह भी सच है कि ना किताब, ना देश, ना वातावरण और ना ही हम, इतने जागरूक थे जो आने वाले कल को समझ सकते. एक छोटी सी कोरपोरेट दुनिया को छोड़ कर मैंने रिटायरमेंट के बाद न सिर्फ कंप्यूटर, बल्कि ड्राइविंग, सोशल लाइफ, मीडिया, और वातावरण के बारे में सीखा बल्कि इन्हें जीवन में उतारा भी. अब भी जब मैं अपने आप को इस क्षेत्र में जानकारी का 5 प्रतिशत मानता हूं मुझे लगता है कि मैं अपने समकक्ष और समान आयु के लोगों से मीलों आगे हूँ. और यह विश्वास बहुत आत्मविश्वास देता है.

स्कूल में मैं अपनी क्लास में सबसे छोटे और दुबले पतले बच्चों में से था और अक्सर बड़ी काया वाले बच्चे मुझे छोटू या नाटे भी कहते थे. पढ़ने लिखने में भी औसत, स्वभाव से इंट्रोवर्ट, कई बार बीमार भी पड़ जाता था यही हाल जॉब में आने के बाद भी जारी रहा स्वास्थ्य पर कोई ध्यान ही नहीं था. ऐसा नहीं कि स्वास्थ्य खराब था, या एक्टिव नहीं था, स्पोर्ट्स में भी भाग लेता था, पर एकदम सीक कबाब सा, और मुझे लगता है कि न सिर्फ मेरे जैसे मध्यम वर्गीय छोटे नगरों में रहने वाले परिवारों की, बल्कि पूरे विश्व के करोड़ों परिवारों की यह एक बड़ी समस्या है.

चलिए अब बात करते हैं एक ऐसा क्षेत्र की जहां हम सब को विशेष रूप से भारत में जहां स्वास्थ्य के प्रति जागरूक सबसे कम 140 करोड़ यानी कि 14 बिलियन लोग रहते हैं, जिन्हें अपनी संस्कृति, इतिहास, जीवन पद्धति, धर्म और क्षमता पर काफी गर्व है. और होना भी चाहिये, पर हालात आंकड़े और हकीकत की तस्वीर कुछ और कहती है लगभग 85 प्रतिशत भारतीय प्रोटीन की कमी से ग्रसित हैं, लगभग 95 प्रतिशत भारतीय महिलाएं एनीमिक यानी रक्ताल्पता और ऐसी ही तमाम चीजें, है जो कुपोषण से जन्म लेती हैं.

देखिए, ऐसा नहीं है कि हम सब भारतीय इस बारे में जानते नहीं हैं, हजारों वर्ष पहले सुश्रुत, चार्वाक, बाणभट्ट हमें बता चुके थे, जिनका अस्तित्व, (जो भी प्रमाण हैं) उनके अनुसार ईसा से लगभग 1000 वर्ष पूर्व माना जाता है अथर्ववेद में हमें एनाटॉमी और फिजियोलॉजी की पूरी जानकारी मिलती है जिस पर रिसर्च करके और पेटेंट करा कर पश्चिमी विद्वान अरबो डॉलर प्रति वर्ष कमा रहे हैं. खैर,

यह हम एक ही तरह की जीवन शैली में जीते आए हैं और हम उसके अभ्यस्त भी हैं, और आप भी समझते होंगे कि जैसा हम करते हैं आए हैं वही हमें सर्वश्रेष्ठ लगता है, पर समस्याएं तब होती है जब हमें बीमारियां शुरू होती हैं. छोटी-छोटी बातों या लापरवाहियों से बड़ी-बड़ी समस्याएं पैदा होती हैं.

यह छोटा सा उदाहरण, हम सभी भारतीय गर्मियों में त्रस्त रहते हैं प्यास से आदत के अनुसार बाहर गर्मी से आकर फ्रिज खोला, बोतल निकाली और चिल पानी

पिया, बड़ी ठंडक मिली है गले को और एकदम तृप्त हो गये, पर जब गला खराब होता है और बुखार आना शुरू होता है तब हमें समझ में नहीं आता कि ऐसा क्यों हो रहा है?

हम पहुंचते हैं फिजीशियन के पास, वह हमें ढेर से टेस्ट बताते हैं फिर उसके बाद उनका प्रेसक्रिप्शन बढ़ता जाता है, हर एक लक्षण में एक टेबलेट बढ़ती जाती हैं और पर्चा भरने के बाद एक हफ्ते बाद दोबारा जांच के लिए दिखाने का आर्डर भी. अगर तबीयत थोड़ी ज्यादा खराब हुई तो तत्काल एडमिट करने के आदेश उनके या किसी और नर्सिंग होम या हॉस्पिटल में, फिर उनका मीटर चाल धीमे-धीमे यह बिल हजारों में जा पहुंचता है. दवाई, टेस्ट आदि अगर आपका हेल्थ इंश्योरेंस है तो और भी मुश्किल, क्यूँकि वहां तो आपको एडमिट होना जरूरी है, और इस सब में उसमें 3 से 5 दिन लग जाते हैं और आपकी व्यवसायिक और पारिवारिक जिंदगी तबाह. मैंने कई वर्षों तक ऐसा ही कुछ झेला और तब मेरी समझ में आया कि फ्रिज के ठंडे पानी की जगह मैंने सादा घड़े का पानी पिया होता तो शायद मैं इस सारी समस्या से बच सकता था. तब से हमने अपने घर में, एक पारंपरिक मिट्टी का घड़ा रखना शुरू कर दिया.

चलिए आगे बढ़ें, पारंपरिक रूप से, हमारे उत्तर भारतीय खाने में घी यानि फैट्स की भरमार होती है जैसे पूड़ी, बाटी, लिट्टी या फिर की तेल से भरपूर सब्जियां और फिर नॉनवेज डिशेज तो हैं ही, फैट्स से भरपूर.

अभी यहीं मत रुकिये, अभी तो डेजर्ट या मिठाईयां भी बाकी हैं, जो मीठे से भरपूर हैं. लिहाजा तोंद का घेरा बढ़ता जाता है, वजन बढ़ता जाता है और हमारी बॉडी असंतुलित होती जाती है और मोटापा बढ़ता जाता है, और पाचन तंत्र का खराब होना, कम से कम 100 बीमारियों को जन्म देता है. अभी हमारे देश भारत में इस संबंध में जागरूकता काफी कम है. जबकि यूरोप, अमेरिका, जापान आदि इस संबंध में काफी आगे हैं. यह मत समझिए कि रिच फूड खाना गलत है, मेरा कहना है कि खाना हमारे शरीर की आवश्यकताओं को पूरा करता है. अगर आप परिश्रम का काम करते हैं, जैसे किसान, श्रमिक या फिर कोई और, तो आपके शरीर को अधिक प्रोटीन और फैट्स की जरूरत होगी, पर अगर आप कोई टेबल जॉब यानी बैठकर

काम करते हैं, तो आपके शरीर की जरूरत कम होगी कुल मिलाकर देखा जाए तो हमारा खाना बैलेंस होना चाहिये जिसमें आपको प्रोटींस के अलावा कार्बोहाइड्रेट्स, फैट्स और फाइबर का उचित समायोजन हो और यह हमारे पारंपरिक खाने में नहीं हो सकता.

जैसे-जैसे विकास हो रहा है, हमारी जिंदगी में प्रदूषण की समस्याएं बढ़ गई हैं, पीने का पानी, सब्जियां, अन्न, हवा सब कुछ प्रदूषित है. केमिकल खादों नें, कीटनाशकों ने, संरक्षित करने वाले केमिकल्स ने, हमारे खाद्य पदार्थों में समस्या को इतना बढ़ा दिया है कि कैंसर, हृदय रोग और डायबिटीज, जैसे रोग घर-घर में बस गए है. कम से कम भारत में तो यह महामारी का रूप लेते जा रहे हैं. कुछ फार्मा इंडस्ट्री, कुछ हमारी जीवन शैली, और कुछ अज्ञानता, जिम्मेदार हैं. इसके लिये शायद मैं अगली अगली किताबों में कुछ विस्तार से लिखूँ इस बारे में. तो अगर हमें सब कुछ शुद्ध नहीं मिल पा रहा है तो क्या करें? सीमित आय में हम कर भी क्या सकते हैं? क्या हम बहुराष्ट्रीय कंपनियों के महंगे सप्लीमेंट्स का खर्चा बर्दाश्त कर सकते हैं? जो कर सकते हैं, उनके लिए तो अच्छा है. बड़े नगरों के उच्च और मध्यमवर्गीय परिवारों के लिए उचित है, पर बड़ी संख्या में बाकी लोग क्या करें?

जो मैं सीख पाया हूं अब तक के अर्जित ज्ञान, से कि अगर हम अपनी जीवनशैली को थोड़ा सा परिवर्तित कर सकें, तो हमें इसका बड़ा सा लाभ मिल सकता है, यानी थोड़ा सा आधे घंटे या जितना भी संभव हो व्यायाम, थोड़ा सा प्रोटीन रिच डाइट जो फैट में थोड़ी कम हो और दोपहर में खाने से पहले थोड़ी सलाद में कुछ भी सीजनल चीजें जैसे टमाटर, खीरा, पत्तागोभी या जो भी कुछ उपलब्ध हो, जरूर लें और रोटी या चावल की मात्रा थोड़ी कम करें, साथ में दाल और सब्जी की मात्रा आप बढ़ा सकते हैं. अगर आप इसे एक या दो बजे तक नियंत्रित कर पाएं तो बेहतर होगा फिर 5 बजे सांय के आसपास आप एक फल जैसे पपीता या सेव और रात में 9:00 बजे तक खाना खा सके. तो यकीन मानिये कि आप 90 वर्ष की उम्र तक स्वस्थ रह सकते हैं.

हां पर यह सबके लिए आसान नहीं है.

अपने आप पर और अपनी दिनचर्या में हजार समस्याएं आती हैं. अपनी दैनिक जिंदगी में कभी मेहमान, कभी कहीं जाना, कभी ऑफिस रूटीन, कभी ऑफिशियल कार्य, कभी घर में जरूरी काम, वगैरह-वगैरह. बस समस्या थोड़े से तालमेल बिठाने की है. बस जरूरत थोड़ी इच्छाशक्ति और विश्वास की है. थोड़ा बहुत समय में नीचे ऊपर तो चलता है पर 5 बार तीन घण्टे के अन्तराल से खाना और बीच में कुछ नहीं. यकीन मानिए कि मैंने खुद ही ये करके देखा और मुझे इसके आशातीत रिजल्ट मिले.

मैं भी ये सब नहीं जानता था. रिटायरमेंट के बाद जब मैंनें स्वास्थ्य पर ध्यान देना शुरू किया तो मैंनें ये पाया कि मेरा वजन आदर्श वजन यानि कि मेरी लम्बाई के अनुपात में 7 किलोग्राम कम था।

अब जबकि मुझे जॉब से रिटायर हुए 11 वर्ष हो चुके हैं मैं अब भी फुर्तीला महसूस करता हूं, मुझे कोई ब्लड प्रेशर, शुगर यानी डायबिटीज या फिर आर्थराइटिस या डिप्रेशन जैसी समस्या नहीं है.

क्यों ना आप भी ये करके देखें.

एक जरूरी बात और, अपने वजन के हिसाब से यानी कि हर 20 किलो वजन पर 1 लीटर पानी की, अगर आपका वजन 60 किलो है तो 3 लीटर 80 किलो है तो 4 लीटर और अगर 100 किलो है तो 5 लीटर पानी अवश्य दें इससे आपके शरीर के सेल्स और नलिका में रक्त के प्रभाव में आवश्यक व मिलता रहेगा और हार्ट स्ट्रोक की संभावना घट जाएगी.

अगर आपको किसी परामर्श की आवश्यकता हो तो बेझिझक मुझसे ई-मेल या फोन या ईमेल पर संपर्क करें.

दरअसल हम अपने गिरते हुए स्वास्थ्य के लिए खुद ही जिम्मेदार हैं, कुछ तो जानकारी के अभाव के कारण और कुछ लापरवाही के कारण. क्या हम जानते हैं की नींद की कमी हमारी स्वास्थ्य पर कितना बुरा असर डालती है? देर रात तक टीवी देखने से हम अगले दिन आलस महसूस करते हैं? और कोढ़ में खाज, न्यूट्रिशन की कमी. नतीजा मूड खराब रहना, बिना बात लोगों पर चिल्लाना, काम में मन न लगना, दिन में नींद आना और भी बहुत कुछ.

किसी विद्वान ने सही कहा है तंदुरुस्ती सबसे बड़ी नियामत है, और स्वस्थ शरीर में ही स्वस्थ मस्तिष्क का निवास होता है. यह सब लिखने का मतलब सिर्फ इतना है कि मेरी तरह स्वास्थ्य के प्रति इतना लापरवाह न रहिए. स्वस्थ रहिए स्वस्थ सोचिये और लंबी उम्र तक पर खुश रहिए.

निचोड़

एक कहावत है कि मनुष्य गलतियाँ करके सीखता है पर अक्लमंद व्यक्ति दूसरों की गलतियों से सीखता है. जरूरत है कि हम अपनी गलतियों को खुले दिल से स्वीकार करें और मानें की गलतियाँ हुई.

दरअसल गलती जैसी कोई चीज होती ही नहीं है. जब हम वह पाने में असफल होते हैं जो हम जीवन से पाना चाहते थे तो हम खोजते हैं कि ऐसा क्यूँ हुआ और उन्हें ही हम गलतियों का नाम दे देते हैं, पर सोचिए कि क्या वह सचमुच गलतियाँ थी या परिस्थितियों से उत्पन्न स्वाभाविक प्रतिक्रियाएं है. जिन्हें हम गलतियाँ कह रहे हैं, हमारे निकट के लोगों की निगाह में वह शायद सफलताएं थीं. सच तो यह है कि हम जो ठान लेते हैं वह होकर रहता है. समय कम या ज्यादा लग सकता है. मैंने नहीं सोचा था कि मेरी यह किताब कभी छप पाएगी, पर यह हुआ.

जब हम ठान लेते हैं कि यह काम करना ही है तो यकीन करिए, हालात जो कभी, विपरीत थे, सहायता करने लगते हैं.

इसलिए, सपने देखिए, और उन्हें पूरा करने के लिए कमर कस लीजिए. लक्ष्य निर्धारित करिए, उन्हें छोटे-छोटे हिस्सों में बाँटिये, आगे बढ़िये और एक दिन आपका सपना सच होगा. फिर भी रुकिए मत एक सपना और देखिए. जल्दी ही फिर मुलाकात होगी सपनों के बारे में … …

शायद मेरी अगली किताब जो होगी रिटायरमेंट के बाद की लाइफ के बारे में.

मैं भी यही कुछ कर रहा हूँ. अपने दिल की बात खुलकर आपके साथ शेयर कर रहा हूँ. आपको मेरी बातों में ढेर सारी कमियाँ नजर आएंगी. कृपया उन्हें बताएं मुझे, समझाएं मुझे, यही तो मैं चाहता हूं. ताकि मैं उन्हें समझूं कि क्या बेहतर हो सकता था.

अभी मैंने वेबसाइट नहीं बनाई है, काफी महंगा सौदा है. फिलहाल आप मेरी ईमेल एड्रेस पर जो नीचे दी हुई है, पर, या मेरे फेसबुक, या इंस्टाग्राम आई.डी. पर अपनी प्रतिक्रिया से मुझे अवगत करा सकते हैं.

मैं प्रतीक्षा करूंगा.

आपका अपना

रंजन